KYLE GRAY

# Engel-Zahlen

KYLE GRAY

# Engel-Zahlen

Die himmlischen Botschaften hinter 0 bis 999

Aus dem Englischen von Angelika Hansen

IRISIANA

*Danke, Engel, dass Ihr die Welt*
*an Eure Gegenwart erinnert.*

FSC www.fsc.org MIX Papier | Fördert gute Waldnutzung FSC® C014496

Penguin Random House Verlagsgruppe FSC® N001967


Originally published in 2019 by Hay House UK Ltd.
4. Auflage 2024

einem Unternehmen der Penguin Random House Verlagsgruppe GmbH,
Neumarkter Straße 28, 81673 München
Umschlaggestaltung: Geviert, Grafik & Typografie
Satz: satz-bau Leingärtner, Nabburg
Druck und Bindung: GGP Media GmbH, Pößneck
Printed in Germany

ISBN: 978-3-424-15391-0

# Inhalt

# Einleitung

Engel sind real. Ich möchte das gleich am Anfang klarstellen, obgleich Sie es wahrscheinlich schon wissen. Seit Tausenden von Jahren haben diese göttlichen Wesen jenen, die auf der Erde leben, ihre Gegenwart offenbart.

Tatsächlich haben seit Anbeginn der Zeit Menschen auf der ganzen Welt an göttliche Wesen geglaubt, welche die irdische Ebene mit der nächsten verbinden, den Menschen bei ihren alltäglichen Aufgaben und Problemen helfen und Seelen beim Hinübergehen beistehen, wenn sie bereit sind, auf die geistige Ebene zurückzukehren. Aborigines in Australien haben Engel auf die Mauern von Höhlen gemalt und sie mit großen, lichterfüllten Gesichtern, riesigen Augen und Strahlen aus Licht dargestellt, die ihre Köpfe umgeben. Im japanischen Shintoismus gibt es bis heute Wesen der Gnade und des Mitgefühls, bekannt als *kami*, von denen gesagt wird, sie bewegen sich durch die Lüfte »als hätten sie Flügel«. Es handelt sich um Naturmächte, die in der Lage sind, allen zu helfen, die sich an sie wenden. Im tibetischen Buddhismus gibt es ähnliche Wesenheiten, *Bodhisattwas* genannt – Wesen reinen Mitgefühls, die sich verpflichtet haben, allen, die sie darum bitten, dabei zu helfen, ihr Leid zu überwinden und sie von ihren tiefsten Ängsten zu erlösen. Robert Thurman, Professor für indotibetische Buddhismus-Forschung an der Columbia University in New York, beschreibt Bodhisattwas als »die Erzengelähnlichen Wesen im Buddhismus«.

In fast allen spirituellen und religiösen Traditionen gibt es eine ähnliche Kraft der Liebe und des Lichts, auch wenn sie viele verschiedene Formen annimmt. In Indien werden Gottheiten mit den Gesichtern von Tieren, den Flügeln von Vögeln und den Körpern von Menschen verehrt. Die hebräische Bibel *(Tanach)* erzählt, wie der Prophet Ezechiel die Vision eines engelhaften Wesens mit dem Gesicht eines Kindes, eines Bullen, eines Löwen und eines Adlers hatte. Solche Wesen wurden später als »Kreise aus Licht« beschrieben (was wir heute »Heiligenschein« nennen) oder »die Brennenden«, was wahrscheinlich darauf zurückzuführen ist, dass es damals kein elektrisches Licht gab, und wenn man etwas entzünden wollte, ging das nur mithilfe von Feuer.

Meiner Meinung nach stimmt die Art, wie Engel im Laufe der Jahrtausende erschienen sind, perfekt mit dem Wissen, der Erfahrung, dem Verständnis und den Glaubenssätzen der Menschen überein, wo immer sie zu jenen Zeiten auf der Welt gelebt haben. Und wenngleich es keine eindeutigen Beweise dafür gibt, dass diese Wesen existieren, hat die grundlegende Soziologie gezeigt, dass der Glaube an göttliche Boten, die sich zwischen der geistigen und weltlichen Ebene bewegen können, seit jeher weltweit verbreitet war, lange bevor die Kommunikation über große Entfernungen überhaupt denkbar war.

Heute ist der Glaube an Engel sogar noch weitverbreiteter. 2016 zeigte eine Studie aus Großbritannien mit 2000 Probanden, dass ein Drittel an Engel glaubte und einer von zehn sicher war, bereits einem Engel begegnet zu sein; und jüngste Umfragen in den USA haben gezeigt, dass acht von zehn Amerikanern an die Existenz von Engeln glauben. Wie aufregend!

Es ist kein Wunder, dass in unserer heutigen Zeit so viele Menschen Ideen, Hinweise und Erkenntnisse empfangen, die nur als Zeichen und Botschaften des Himmels bezeichnet werden können, da diese Wesenheiten uns wissen lassen wollen, dass sie für uns da sind.

Einige dieser Botschaften erhalten wir in Form von Zahlen. Seit Tausenden von Jahren sind Zahlen als eine Möglichkeit betrachtet worden, das Universum zu verstehen. Der antike griechische Philosoph Pythagoras glaubte, dass Zahlen einen Schwingungswert haben, der dem von Musiknoten entspricht. Er entwickelte ein System, das in der Lage war, Informationen über die Persönlichkeit und die Ausstrahlung eines Menschen zu enthüllen, basierend allein auf dem nummerischen Wert ihres Namens, Geburtsdatums und Geburtsortes.

Als jemand, der sich seit mehr als 16 Jahren intensiv mit Spiritualität beschäftigt, habe ich viel Zeit damit verbracht, die wahre Bedeutung von Zahlen zu studieren. Meine Schlussfolgerungen sind besonders von meinen jahrelangen Studien des Tarots und mystischer Traditionen des Westens beeinflusst worden. Zudem habe ich vor dem Schreiben dieses Buches viel Zeit verbracht zu meditieren und dabei die Engel gebeten, mir die Botschaften und Schwingungswerte bestimmter Zahlen zu enthüllen. Das hat mir geholfen, jene Interpretationen zu formulieren, die ich Ihnen in diesem Buch präsentiere.

In der heutigen Zeit wird unser ganzes Verständnis des Kosmos und die Bewegung der Erde durch den Kosmos mithilfe von Zahlen kalkuliert, daher ist es kein Wunder, dass Engel, die großartigsten Boten des Universums, Zahlen benutzen, um uns Botschaften vom Himmel zu schicken.

Zum Beispiel ist es gut möglich, dass Sie in Ihrem Leben wiederholt bestimmte Zahlenfolgen gesehen haben – auf Nummernschildern, Quittungen, Flugnummern und natürlich auf Ihrem Telefon – und diese Zahlen sind nicht nur Nummern, es sind Engel-Zahlen. Es sind Engelbotschaften und Aufrufe zum Handeln.

Da wir heute in einer Epoche leben, die als digitales Zeitalter beschrieben werden kann, benutzen Engel für ihre Übermittlungen auch die Zahlen, die wir auf Digitaluhren sehen, zum Beispiel 11:11.

# Was bedeutet 11:11?

Ich war noch ein Jugendlicher, als ich zum ersten Mal überall in meiner Umgebung die Zahlenfolge 11:11 bemerkte. Ich erinnere mich, wie ich auf mein erstes Handy schaute und wieder und wieder 11:11 sah. Ich fragte mich, ob ich vielleicht langsam verrückt wurde, oder mir die Zahlen nur vorstellte, oder sogar unbewusst genau zu dieser Zeit auf mein Telefon schaute, doch was dann passierte, war unbestreitbar: Ich erzählte meiner Mutter und ein paar Freunden davon, und die Zahlen zeigten sich auch in ihrer Gegenwart. Auch andere sich wiederholende Zahlenfolgen erschienen, und nicht nur auf Mobiltelefonen. Zum Beispiel gingen wir zum Einkaufen in den Supermarkt, und die Rechnung betrug 11,11 Pfund; oder wir bestellten Kaffee und Kuchen, und das Ganze kostete 4,44 Pfund. Egal wohin ich ging, es war immer das Gleiche.

Damals war Spiritualität noch ziemlich neu für mich, doch ich nahm mir ein wenig Zeit, um zu beten und zu fragen, was es mit diesen »Zufällen« auf sich hatte. Ich erinnere mich, Dinge gesagt zu haben wie: »Engel, falls ihr es seid, die mir diese Zahlen schickt, möchte ich sie heute dreimal sehen, damit ich weiß, dass ihr versucht, mir etwas zu sagen.« Und die Zahlen kamen weiterhin – da wusste ich, dass diese Botschaften *tatsächlich* von den Engeln kamen.

Doch was wollten sie mir sagen? Ich hatte keine Ahnung und weiß noch genau, dass ich »Was bedeutet 11:11?« googelte und mehrere Interpretationen las. Viele Leute meinten, dass die Zahlen darauf hinweisen »sich etwas zu wünschen« oder »eine Absicht zu fassen«, während sich andere sicher waren, die Zahlenfolge sei eine Aufforderung der Engel, unsere Gedanken mit dem Höchsten in Übereinstimmung zu bringen. Also tat ich, was ich immer tue, wenn das Internet keine definitive Antwort bietet: Ich meditierte.

Ich erinnere mich, während meiner Meditation ein einfaches Gebet gesprochen zu haben, das ungefähr so lautete: »Engel, ich danke euch, dass ihr mir enthüllt, was ich wissen muss, wenn ich 11:11 sehe.« Im nächsten Augenblick sah ich eine Menge Bilder und Szenen wie Filmclips vor meinem inneren Auge, unter anderem von Jesus und Buddha, und hörte die Worte: »Wir sind alle eins.« Als Nächstes sah ich muslimische Freunde, die gen Mekka beteten, und hörte wieder: »Wir sind alle eins.« Die Vision ging weiter, und ich sah ein Video von Bob Marley, wie er »One Love« sang, und fühlte mich umgeben von einem Gefühl der Einheit, fühlte mich eins mit den Engeln, eins mit den aufgestiegenen Meistern und eins mit Gott!

Also, 11:11 ist eine Botschaft, die wir im Laufe der Jahrtausende wieder und wieder empfangen haben: Sie erinnert uns daran, dass wir alle Eins sind. Wir sind mit dem Energiefeld verflochten und vernetzt, durch welches das Universum erschaffen wird und kontinuierlich expandiert.

Doch das ist noch nicht alles. Für mich persönlich besagt diese wiederholt auftretende Zahlenfolge nicht nur, »Du bist eins mit allem was ist«, und das war's dann. Vielmehr ist es eine *Aufforderung zum Handeln*. Es ist beinahe so, als würde uns das Universum/Gott (für mich dasselbe) einladen, uns voll bewusst zu werden, dass die Macht und das Licht des Universums in unserem Inneren sind. Jesus sagte: »Das Reich Gottes ist mitten unter euch.« Wenn also die Macht und das Licht des Universums in uns allen lebt, wirkt sich alles, was wir in unserem Leben tun, auf jene Energie aus. Und so ist 11:11 ein Aufruf, uns selbst, unsere Absichten und Handlungen mit dem Höchsten in Übereinstimmung zu bringen. Das ist es, was es bedeutet, ein Lichtarbeiter oder Erdengel zu sein.

## Die Engel haben immer eine Antwort

Genauso, wie wir alle die Macht des Universums in uns tragen, haben wir alle Engel an unserer Seite. Ich glaube, dass wir alle mindestens zwei Engel um uns haben, die zu jeder Zeit mit uns zusammenarbeiten. Da gibt es den Schutzengel, der schon viele Leben lang bei uns ist, und zumindest noch einen weiteren Engel, da unterschiedliche Engel zu unterschiedlichen Zeiten mit uns arbeiten, je nachdem wo wir uns auf unserer Lebensreise befinden und woran wir gerade arbeiten. Wo immer wir uns befinden, die Engel sind da für uns und lieben, führen und unterstützen uns. Sie handeln jedoch stets in Übereinstimmung mit dem göttlichen Gesetz, was bedeutet, dass sie generell erst dann in unser Leben eingreifen und uns helfen können, wenn wir ihnen die Erlaubnis dazu geben.

Die einzigen Ausnahmen, in denen Engel ohne Erlaubnis in unserem Sinne eingreifen können, sind jene »Momente der Gnade«, wie ich sie nenne. Im Wesentlichen handelt es sich hier um Situationen, in denen wir Gefahr laufen, unser höchstes Wohl und unsere Wahrheit zu vergessen; oder, wenn wir die Mission unseres Lebens begonnen, sie aber noch nicht abgeschlossen haben, und in eine lebensbedrohliche Situation geraten. Dies sind die Momente, in denen unsere Engel unsere Rettung sein können.

Natürlich müssen wir uns nicht in solch extremen Umständen befinden, um Hilfe von unseren Engeln zu empfangen. Wann immer wir zu ihnen um Führung beten, werden sie eine Antwort für uns haben. Es kann allerdings sein, dass wir sie nicht hören. Ich glaube, der Grund dafür ist darin zu suchen, dass viele von uns schon lange nicht mehr auf sich selbst gehört und ihre eigene innere Führung ignoriert haben. Einfach ausgedrückt: Die Botschaften der Engel sind so laut wie unsere Bereitschaft, sie zu hören – oder zu sehen. Denn wie ich bereits erwähnt habe, benutzen sie heute digitale Medien, um Botschaften zu senden und uns auf ihre Gegenwart hinzuweisen.

In einigen meiner anderen Bücher habe ich bereits über diese Zahlenfrequenzen geschrieben, insbesondere in

*Glücksgefühle für die Seele*, das tatsächlich durch die ständig wiederkehrenden Zahlen 11:11 und 22:22 inspiriert wurde. Dieses Mal habe ich die Engel gebeten, mir zu erlauben, die Botschaften und Themen hinter wiederholt auftretenden Zahlen und Zahlenfrequenzen besser zu verstehen, damit ich in diesem Buch darüber schreiben kann. Dadurch sollen Sie Einsichten gewinnen, was die Engel Ihnen durch Zahlen sagen wollen, und wie Sie die Antworten auf Ihre Fragen und Gebete empfangen können.

## Wie Sie dieses Buch benutzen können

### Als Handbuch

In diesem Buch beschäftige ich mich zunächst mit Frequenzen aus vier Zahlen, die auf Digitaluhren, wie zum Beispiel auf Ihrem Laptop oder Mobiltelefon auftauchen können, und biete dann eine Interpretation jeder Zahl von 0 bis 999 an.

Falls Sie die exakte Zahlenfolge, die Sie suchen, nicht finden können, empfehle ich Ihnen, die Sequenz in zwei oder drei Gruppen zu unterteilen und sich dann die Engelbotschaften für jede Gruppe anzuschauen und anschließend zusammenzufassen. Wenn Sie zum Beispiel immer wieder die Sequenz 67891 sehen, lesen Sie die Botschaften für 67, 89 und 1, und zusammengefasst ergeben sie die volle Botschaft.

Falls Sie sich fragen, wie das funktioniert, hier das oben genannte Beispiel aufgeschlüsselt:

- 67: Deine Gedanken bestimmen, wie dir Energie und Hilfe in deinem Leben zufließt. Nimm dir Zeit, dich auf die Gedanken einzustimmen, die deiner Entwicklung dienen.
- 89: Du bist in Kontakt mit deinem wahren Selbst. Hüte und pflege diese Verbindung, während sie sich entfaltet.
- 1: Die universale Lebenskraft in dir ruft nach deiner Aufmerksamkeit.

Was für eine inspirierende Botschaft! Ich hoffe, alle Botschaften hier werden Sie inspirieren. Während Sie dieses Buch durchgehen, werden Sie feststellen, dass sich viele Zahlen und Sequenzen voneinander unterscheiden, wobei viele sich auch ähnlich sind. Was darauf zurückzuführen ist, dass die Zahlenfrequenzen unterschiedliche Aspekte von Lebensreisen mit einem ähnlichen Thema repräsentieren.

Indem Sie auf Ihrem individuellen Weg weitergehen, kann es sein, dass unterschiedliche Zahlen Ihre Aufmerksamkeit wecken. Vielleicht sehen Sie zu Beginn beispielsweise 332 und dann 334. Sie werden sehen, dass die Botschaft von 332 lautet: »Deine Beziehungen wachsen und vertiefen sich, auf dass du Zufriedenheit findest«, und die Botschaft von 334 ist: »Deine geistigen Führer und Engel umkreisen dich und halten göttliche Liebe und Schutz für dich bereit.« Also könnten diese beiden Sequenzen zeigen, dass Sie Fortschritte machen auf Ihrer Reise ins Glück.

Sie können auch eine persönliche Interpretation der Zahlen in Ihrem Leben für sich formulieren, indem Sie den Schlüssel benutzen, den die Engel mir übermittelt haben (siehe Seite 20):

Wenn Sie zum Beispiel der Zahlenfolge 123 wiederholt begegnen, bedeutet diese Botschaft, dass Sie sich mit der Kraft der Liebe verbinden und sich auf Ihrem Weg weiterentwickeln. Versuchen Sie es mit Ihren eigenen Zahlenfolgen.

# Schlüsselcode für Engel-Zahlen

0 **Neubeginn.** Türen öffnen sich. Gott.

1 **Das Selbst.** Einssein. Höheres Selbst. Universale Verbindung.

2 **Vereinigung.** Verbindung mit anderen. Sich mit der Liebe verbinden.

3 **Entwicklung.** Höhere Macht. Die Meister.

4 **Engel.** Kommunikation. Gaben vermehren sich.

5 **Veränderungen.** Bemühungen. Handlung und Einsatz nötig.

6 **Gleichgewicht.** Balance. Absicht nötig. Sorgfalt.

7 **Magie.** Manifestation. Göttliche Inspiration.

8 **Reise.** Wachstum. Spirituelle Lektionen.

9 **Meisterschaft über das eigene Selbst.** Verbundenheit mit dem höheren Selbst. Das Göttlich-Weibliche.

## Als Orakel

Das Buch, das Sie in Ihren Händen halten, ist überdies ein Orakel. Wann immer Sie Orientierung oder Beistand benötigen, können Sie die Engel bitten, hinzuhören und Ihnen durch dieses Orakel eine Botschaft zu schicken. Sie müssen nichts anderes tun, als eine Zeit lang zu meditieren, sich mit ein paar tiefen Atemzügen zu zentrieren und ein einfaches Gebet zu sprechen, ungefähr so:

*»Danke Gott, Heiliger Geist und Engel, dass Ihr mir heute durch diese Zahlen und dieses Buch eine wichtige Botschaft sendet.«*

Schlagen Sie eine beliebige Seite dieses Buches auf und vertrauen Sie darauf, dass die erste Zahl, die Sie sehen, für Sie bestimmt ist.

Warum machen Sie nicht gleich jetzt einen Versuch? Oder schauen Sie auf eine Digitaluhr und lesen Sie den passenden Text dazu nach ...

# Zahlen-Botschaften auf Digitaluhren

Hier finden Sie Engelbotschaften in den Zahlenfolgen, die Ihnen in der Regel auf einer Digitaluhr begegnen, doch können sie Ihnen auch woanders auffallen. *(Wenn Sie nach einer Zahlenfolge suchen, die nicht einer typischen Digitaluhr-Zeit entspricht, folgen Sie bitte den Anweisungen auf Seite 20, um diese Botschaft der Engel an Sie zu dechiffrieren).*

## Doppel- und Dreifachzahlen

Wenn Sie doppelte und dreifache Zahlen auf der Uhr sehen, »rufen« die Engel auf eine bestimmte Weise, um Ihre Aufmerksamkeit zu wecken. Diese Zahlenfolgen zeigen Ihre gegenwärtige energetische Schwingung, und wie sich Ihre Lebensreise gerade entwickelt.

## Doppelzahlen

### 00:00

Gott ist bei dir und unterstützt dich, während du die erforderlichen Schritte unternimmst, um zu wachsen.

### 01:01

Gott ist ganz nahe bei dir und hilft dir, dich sicher, unterstützt und im Einklang mit deinen Absichten und Bemühungen zu fühlen.

### 02:02

Du wirst von Gott und den Engeln geführt, um dein Herz und deine Seele dafür zu öffnen, die Menschen in deinem Umfeld zu unterstützen.

### 03:03

Gott und die aufgestiegenen Meister nähern sich, um dein Verständnis für deine Seele und deinen Lebensweg zu vertiefen.

### 04:04

Gott und die Engel helfen dir, deine Wahrheit, deine Talente und dein Selbst mit der Welt zu teilen.

### 05:05

Wisse, dass Gott dir bei all deinen materiellen und finanziellen Bedürfnissen hilft. Bitte, und es wird dir gegeben.

## 06:06

Du wirst von Gott und den Engeln geführt, um in deinem Leben Raum zu machen für Gleichgewicht und neue Energie.

## 07:07

Gott umgibt dich mit den Engeln und Beschützern der Magie, auf dass du deine Macht bewusst annehmen und das Leben erschaffen und erfahren kannst, das du verdienst.

## 08:08

Vertraue darauf, dass Gott dir hilft, dich in Übereinstimmung mit dem göttlichen Plan zu bringen, der sowohl deine Absichten berücksichtigen wird als auch alles, was für die Entwicklung deiner Seele am besten ist.

## 09:09

Gott führt dich, um dir die tieferen, verletzlicheren Aspekte deines Selbst zu enthüllen. Was dich empfänglich machen wird für Wunder und Licht!

## 10:10

Du befindest dich auf der Schwelle zu etwas Wunderbarem. Vertraue darauf, dass Gott und die Engel eins sind und jetzt bei dir sind.

## 11:11

Du bist eins mit Gott, den Engeln und aufgestiegenen Meistern. Stimme deine Gedanken auf das höchste Wohl und die Wahrheit ein, um Liebe in die Welt zu bringen.

## 12:12

Du hast die Macht, Heilung und Licht in die Welt zu bringen. Achte darauf, inwieweit deine Absichten und Handlungen genau das bereits tun.

## 13:13

Lehren bedeutet Lernen. Deine gegenwärtige Situation hält viele wichtige Lektionen bereit. Merke dir, was du heilst, da du andere lehren wirst, dasselbe zu tun.

## 14:14

Deine Engel bieten dir jetzt ihre umfassende Unterstützung an und helfen, Talente in dir wiederzuentdecken, die du vergessen hast, oder Aspekte deines Wesens, die in der Vergangenheit nicht gefördert worden sind.

## 15:15

Wisse, dass die Veränderungen, die du gerade vornimmst, notwendig sind für dein inneres Wachstum. Vertraue darauf, dass der von dir geschaffene Raum Platz für Fülle bietet.

## 16:16

Nimm dir Zeit, das Gleichgewicht in deinem Leben zu finden. Du wirst ermutigt, dein Tempo zu verlangsamen und deine Absichten sorgfältig zu überdenken, bevor du die nächsten Schritte machst.

## 17:17

Du bist wahrhaft magisch! Welche Sorgen, Ängste oder Blockaden du auch immer erfahren hast: Jetzt sind sie beseitigt, damit du deine Träume verwirklichen kannst.

## 18:18

Du bist dabei, dich auf eine lebensverändernde Reise zu begeben, die zu positiven und bereichernden Erfahrungen führen wird. Vertraue dem Prozess.

## 19:19

Du wirst eingeladen, dich mit der Energie des Göttlich-Weiblichen in dir und in deiner Umgebung zu verbinden. Mütterliche/weibliche Heilung ist derzeit verstärkt möglich.

## 20:20

Es bietet sich dir die Gelegenheit, deine Verbindung mit anderen zu stärken. Die Energie der Vergebung und des Mitgefühls umgibt dich sowohl in deinen persönlichen als auch beruflichen Beziehungen.

## 21:21

Erkenne, dass du *auch* die andere Person bist. Du bist eins mit der Welt, und die Absichten, die du in Bezug auf andere hast, sind die gleichen Absichten, die du für dich selbst hegst. Passe deine Denkweise diesen höheren Absichten an.

## 22:22

Du besitzt die Kraft und das besondere Talent, um mehr Licht in die Welt zu bringen. Richte deine gesamte Aufmerksamkeit auf das höchste Wohl. Du bist auf die Welt gekommen, um hell zu leuchten.

## 23:23

Dein Fokus darauf, dich zu entwickeln und eine positive Kraft in der Welt zu werden, macht sich bezahlt. Die Engel möchten dich wissen lassen, dass du auf der Erde einer von ihnen bist.

### Dreifachzahlen

## 1:11

Deine Gedanken und Absichten haben gegenwärtig eine größere Wirkung. Fokussiere dich auf das, was du liebst anstatt auf das, was du fürchtest.

## 2:22

Deine Talente bieten dir die Gelegenheit, dich weiterzuentwickeln. Sei offen für Gelegenheiten, die dir die Möglichkeit bieten, deine Aufgabe zu erfüllen.

## 3:33

Alle großen spirituellen Lehrer der Vergangenheit führen dich jetzt. Diese aufgestiegenen Meister helfen dir, deine Talente zu entwickeln.

## 4:44

Deine Schutzengel möchten dich wissen lassen, dass sie bei dir sind. Deine Gebete werden klar und deutlich vernommen. Vertraue.

## 5:55

Alle deine Bemühungen tragen jetzt Früchte. Wisse, dass das Universum und deine Engel dir helfen, ein erfülltes Leben zu führen und dich daran zu erfreuen.

# Spiegel-Zahlen

Dies sind Zahlen, die so reflektiert werden, als befände sich ein Spiegel dazwischen. Ihre Botschaften rufen dich in der Regel dazu auf, über deine momentanen Umstände nachzudenken, um mehr in Übereinstimmung zu kommen mit allem, was zu deiner Entwicklung beitragen wird.

## 12:21

Du hast die Fähigkeit, andere zu unterstützen und zu führen, daher rufen die Engel dir in Erinnerung, dich auf deiner Reise als Lichtarbeiter weder zu verausgaben noch dich selbst zu vernachlässigen.

## 13:31

Du bist aufgefordert, deine gegenwärtige Situation genauer zu betrachten, um deine Gelegenheiten zu lernen und zu wachsen neu einzuschätzen.

## 14:41

Deine Engel kommunizieren, doch du hörst nicht hin. Es ist wichtig zu wissen, dass ihre Botschaften immer im Sinne des höchsten Wohls übermittelt werden. Selbst wenn diese Botschaften nicht in Übereinstimmung mit deinen Plänen zu sein scheinen, wisse, dass sie Gottes Plan folgen.

## 15:51

Deine Engel spornen dich an, mutig und stark zu sein. Es ist entscheidend für dich zu erkennen, wo und wann Veränderungen erforderlich sind, um dich mit deiner Lebensaufgabe und der Fülle verbunden zu fühlen.

### Fortlaufende Zahlen

Fortlaufende Zahlen zeigen sich in geordneter Folge von unten nach oben. Wenn du solche Zahlen siehst, ist es die Bestätigung der Engel, dass du dich entwickelst und auf dem richtigen Weg befindest. Sie sehen, dass du dich auf dem Weg zur Meisterschaft befindest, da du deine Schwingung erfolgreich erhöht hast.

## 12:34

Du steigst auf der spirituellen Leiter nach oben. Deine Engel begrüßen deine Absichten und Entwicklung. Wisse, dass du ermutigt und unterstützt wirst.

## 2:34

Deine persönlichen Beziehungen entwickeln sich jetzt. Wisse, dass du Gelegenheiten erhältst, zu lieben und geliebt zu werden wie nie zuvor. Deine Engel tanzen im Kreis um dich herum.

## 3:45

Aufgestiegene Meister sind bei dir, um dir zu helfen, deine spirituelle Verbindung auf eine höhere Ebene zu bringen. Vertraue jetzt deinen Gefühlen – sie sind die Antworten auf deine Gebete.

## 4:56

Die Engel möchten dir versichern, dass sie sich sehr freuen, wie du dich gegenwärtig deiner spirituellen Entwicklung hingibst. Du wirst nun ein Gefühl der Beschleunigung erleben.

# Engel-Zahlen von 0 bis 999

## 0

Gott ist ganz nahe bei dir. Du bist nie allein.

## 1

Die universale Lebenskraft in dir ruft nach deiner Aufmerksamkeit.

## 2

Der Zeitpunkt bietet die Gelegenheiten, sich zu verbinden und zu vereinigen. Eine positive Entwicklung in deinen Beziehungen steht unmittelbar bevor.

## 3

Du bist dabei, zu wachsen und dich weiterzuentwickeln. Der richtige Weg dorthin enthüllt sich dir genau zur richtigen Zeit.

## 4

Lass deine Wahrheit dein Lehrer sein. Vertraue auf alles, was du fühlst, und lass dich von deiner Freude leiten.

## 5

Fülle ist ein geistiger Zustand. Wenn du dich spirituell reich fühlst, wird dein physisches Leben diese Fülle widerspiegeln.

## 6

Nimm dir Zeit, um alles aus dem Weg zu räumen, was deine Freude blockiert. Folge dem, was dein Herz zum Jubeln bringt.

## 7

Eine magische Energie umgibt dich. Bring deine Gedanken in Übereinstimmung mit dem Höchsten.

## 8

Ein Kreislauf von Mustern wiederholt sich jetzt, damit du die Lektion verstehst. Nimm dir Zeit, darüber nachzudenken.

## 9

Die Energie des Göttlichen erwacht in deinem Inneren. Lass dich von deiner Seele führen.

## 10

Du verbindest deine Energie mit der Energie Gottes. Vertraue darauf, dass die Zeichen, die du siehst, der direkten Verbindung mit dem Göttlichen entspringen.

## 11

Du befindest dich auf dem Weg der Entwicklung und bist dabei, dein wahres Selbst besser denn je zu erkennen. Wisse, dass du auf die Welt gekommen bist, um zu leuchten.

## 12

Alle Beziehungen sind Aufgaben. Du findest jetzt deine Freunde und deine spirituelle Familie und verstehst das Konzept von Beziehungen zwischen Seelengefährten.

## 13

Vertraue, dass sich dir die Schritte auf deinem Weg in der richtigen Reihenfolge enthüllen und deiner geistigen Entwicklung dienen.

## 14

Deine Engel fordern dich auf, dir die Zeit zu nehmen, auf sie zu hören. Vergiss nicht, die Stimmen der Engel sind so laut wie deine Bereitschaft, hinzuhören.

## 15

Deine sich verändernden Gedanken verändern dein Leben. Richte deine Aufmerksamkeit und Energie auf Gedanken, die dich erheben und beglücken.

## 16

Du bist eingeladen, Höheres zu wählen und Erfahrungen zu machen, die deiner Freude und Lebensaufgabe dienlich sind. Lass los und gehe vorwärts.

## 17

Wenn eine Türe sich schließt, öffnet sich eine andere. Die Engel sind bei dir, um dir zu helfen, deine Gedanken in eine positive Richtung zu bringen.

## 18

Deine Engel ermutigen dich, eine Inventur deiner bisherigen Erfahrungen vorzunehmen, um deine gegenwärtige Position und die gelernten Lektionen besser zu verstehen.

## 19

Es ist absolut okay, mächtig zu sein. Du wirst von himmlischen Kräften angeleitet, die Verantwortung für deine gegenwärtige Situation zu übernehmen.

## 20

Deine Engel gratulieren dir zu deinen Schritten hin zu Wachstum und Entwicklung.

## 21

Deine Verbindung zum Universum ist sehr stark und du wirst mit Inspiration und innerer Führung erfüllt. Sei dir dessen bewusst und offen dafür.

## 22

Du bist an einem entscheidenden Punkt auf deinem Weg. Er wird dir helfen, die Beziehungen und spirituellen Anforderungen zu verstehen, die dein Wachstum unterstützen werden.

## 23

Du wirst nun von aufgestiegenen Meistern geführt. Vertraue darauf, dass der Weg, auf dem du dich befindest, in der gegenwärtigen Situation perfekt für dich ist.

## 24

Engel lassen ein Licht der Harmonie auf dich und deine persönlichen Beziehungen scheinen. Jegliche Konflikte werden jetzt aufgelöst.

## 25

Deine Engel bitten dich, darauf zu vertrauen, dass sich all deine hingebungsvolle Arbeit und dein Engagement auszahlen werden. Bald wirst du die Früchte deiner Arbeit genießen.

## 26

Es ist wichtig für dich, die Gesellschaft von Menschen zu suchen, bei denen du dich wohlfühlst. Ziehe dich von jedem zurück, der dir das Gefühl gibt, klein oder unwichtig zu sein.

## 27

Du wirst Zeichen empfangen, dass deine Gebete erhört werden. Vertraue darauf, dass Gottes Plan sich so erfüllt, wie es vorgesehen ist.

## 28

Deine Engel beglückwünschen dich dafür, mit welchem Einsatz du dein Licht in der Welt erstrahlen lässt. Toll, wie du dich deinen Ängsten gestellt hast!

## 29

Die Energie der mächtigen Göttin und der göttlichen Mutter umgibt dich. Du bist eingehüllt in Liebe und Mitgefühl.

## 30

Du bist aus einem bestimmten Grund hier. Mach dir bewusst, dass deine Freude einen tieferen Sinn hat und der Welt einen Dienst erweist.

## 31

Heilige und Meister widmen sich zurzeit verstärkt deinen Gebeten und Absichten. Wisse, dass sie ihr Bestes tun, um dir zu helfen.

## 32

Deine Beziehungen – mit dir selbst und anderen – werden von deinen Engeln und geistigen Führern unterstützt. Bitte sie um all die Hilfe, die du benötigst, und sei versichert, dass es nie zu viel ist.

## 33

Meister Jesus und seine Engel sind bei dir. Dies ist eine segensreiche Zeit für inneres Wachstum und Heilung.

## 34

Du wirst mit universalen Meistern verbunden, die dir auf deinem Weg Inspiration und Erkenntnis schenken. Vertraue deinen Gefühlen.

## 35

Deine Engel und geistigen Führer sind bereit, dich bei jeglichen Veränderungen zu unterstützen, die du brauchst, um dich wohler zu fühlen.

## 36

Es bietet sich dir die Gelegenheiten, die Freude an deiner Arbeit zu steigern und eine höhere Ebene der Fülle zu erreichen. Deine Engel sind bereit zu helfen.

## 37

Die Meister der Manifestation umgeben dich und helfen dir, das Leben zu erschaffen, von dem du immer geträumt hast.

## 38

Du entdeckst Erinnerungen an Leben vor deiner jetzigen Inkarnation – deine gegenwärtigen spirituellen Interessen sind inspiriert von Erfahrungen aus früheren Leben.

## 39

Das Göttlich-Weibliche in dir ist zutiefst dankbar, dass du auf die Stimme deiner Seele hörst.

## 40

Gott und die Engel sind jetzt bei dir. Hab' keine Angst.

## 41

Deine Engel fordern dich auf, deine Gaben anzunehmen und zu wissen, dass du ihrer wert bist.

## 42

Engel zeigen dir liebevoll, wie du deine Gefühle ausdrücken kannst. Öffne dich der Wahrheit und Rechtschaffenheit.

## 43

Engel, deine Lieben sowie geistige Führer und aufgestiegene Meister, die dich unterstützen und dir helfen können, sind jetzt bei dir. Wisse, dass Hilfe nur einen Gedanken weit entfernt ist.

## 44

Dein Schutzengel hüllt dich in einen Mantel liebevollen Schutzes ein. Du bist in Sicherheit, dir kann nichts geschehen.

## 45

Erzengel Michael und die anderen Erzengel stehen dir mit ihrer Stärke zur Seite.

## 46

Vertraue, dass die Erzengel in dieser Zeit der Veränderung bei dir sind und dir helfen.

## 47

Die Engel der Manifestation helfen dir, deine Energie und Gedanken darauf einzustimmen, was dir am meisten von Nutzen sein wird.

## 48

Die Engel der Bestimmung sind jetzt bei dir. Sie helfen dir, die Wahrheit und die Mission zu verstehen, die dein Licht erstrahlen lassen wird.

## 49

Engel helfen dir, die Gefühle anzunehmen, die zurzeit in deinem Inneren hochkommen. Betrachte deine Emotionen als Boten.

## 50

Du bist gegenwärtig von einer starken Energie der Fülle umgeben. Setz dir hohe Ziele und fokussiere dich auf die Energie der Fülle.

## 51

In dir steckt alles, was du brauchst, um die Hindernisse zu überwinden. Der Zeitpunkt ist gekommen, dich deinen Ängsten zu stellen und zu wachsen.

## 52

Anspruchsvolle Gespräche werden dir ein tiefes Gefühl von Sicherheit und Verständnis vermitteln. Sei offen, die Wahrheit zu hören.

## 53

Das Universum arbeitet niemals gegen dich, sondern immer nur für dich. Vertraue auf Gottes Plan, während er sich dir nach und nach enthüllt.

## 54

Deine Engel ermutigen dich, einen Zustand der Hingabe anzustreben, damit sie dir helfen können, auf deinem Weg weiterzugehen.

## 55

Wichtige Veränderungen finden deine Finanzen und deinen Zustand der Fülle betreffend statt. Sei versichert, dass sich dir Gelegenheiten rapiden Wachstums bieten werden.

## 56

Um zu empfangen, nimm dir Zeit zu ermessen, was du geben kannst. Energie funktioniert immer in Form von Austausch.

## 57

Glauben heißt Manifestieren. Stell dir vor, dass das, worum du bittest, sich bereits in deinen Händen befindet … und in deinem Leben.

## 58

Die Ecken und Kanten auf deinem Weg werden jetzt geglättet. Sei versichert, dass das Schlimmste in dieser Situation hinter dir liegt.

## 59

Dir bietet sich jetzt die Chance, wichtiges spirituelles Wachstum zu erfahren. Öffne dich, um heilsame Informationen zu empfangen.

## 60

Deine Engel leiten dich an, zu entschleunigen und dir Zeit zum Nachdenken zu nehmen, bevor du irgendwelche plötzlichen Veränderungen vornimmst.

## 61

Die Engel laden dich ein, deine Energie für Projekte und Ereignisse aufzusparen, die dich zum Leuchten bringen. Gehe jeder Form von Drama aus dem Weg.

## 62

Nimm dir Zeit, die Betrachtungsweise der Menschen zu verstehen, von denen du dich jetzt vielleicht herausgefordert fühlst. Bitte die Engel der Harmonie, alle schwierigen Beziehungen zu entspannen.

## 63

Situationen loszulassen, die dir Kraft rauben, schafft Raum für Wunder und Entwicklung.

## 64

Deine Engel laden dich ein, mehr Zeit mit Meditation und Kontemplation zu verbringen, damit sie die Kommunikationskanäle zwischen euch verstärken können.

## 65

Deine Finanzen sind eine Reflektion deines Selbstwertgefühls. Wisse, dass Gott dich als jemand betrachtet, der Segnungen und Harmonie verdient.

## 66

Halt! Dies ist nicht der Zeitpunkt für plötzliche Aktionen oder Veränderungen. Deine Engel bitten dich, deine nächsten Schritte sorgsam zu überdenken.

## 67

Deine Gedanken bestimmen, wie dir Energie und Hilfe in deinem Leben zufließen. Nimm dir Zeit, dich auf die Gedanken einzustimmen, die deiner Entwicklung dienen.

## 68

Vielleicht fühlst du dich zurzeit auf die eine oder andere Weise blockiert, doch sei versichert, dass dich deine Engel auf deine langfristigen Ziele hinleiten.

## 69

Sensibilität ist ein Geschenk. Wisse, dass deine Gefühle dir helfen, die wahren und wichtigen Aspekte deines Wesens nutzbar zu machen.

## 70

Du bist zurzeit von kosmischer Energie umgeben. Wisse, dass Gott auf deine klaren Absichten wartet, um ihre Manifestation in die Wege leiten zu können.

## 71

Du wirst gebeten, dir über deine wahren Wünsche klar zu werden, anstatt dich auf etwas zu fokussieren, das du nicht willst. Schreibe deine Absichten auf und lade Gott ein, dir zu helfen.

## 72

Es ist wichtig, dich wieder in Einklang mit dir selbst und deinem Inneren zu bringen, um auch im Äußeren wieder größere Klarheit zu erfahren.

## 73

Blockaden werden jetzt aufgelöst. Du wirst auf Magie eingestimmt.

## 74

Die Engel bitten dich, verstärkt deine Pläne mit ihnen zu teilen, damit sie dir besser zu Diensten sein können.

## 75

Damit sich deine Absichten und Wünsche manifestieren können, musst du bereit sein, die Energie der Veränderung willkommen zu heißen. Neuanfänge stehen unmittelbar bevor.

## 76

Nimm dir Zeit, um deine Ängste anzunehmen und erkenne, dass du immer dann von Angst erfüllt bist, wenn du an der Schwelle zu einem Wunder stehst.

## 77

Mach dich auf das Beste gefasst. Gute Neuigkeiten stehen bevor, und mit ihnen positive Veränderungen.

## 78

Deine persönliche Entwicklung verläuft perfekt. Vertraue diesem Prozess.

## 79

Dein höheres Selbst hält Informationen bereit, die dir helfen können. Wende dich an deinen inneren Lehrer, um mehr zu erfahren.

## 80

Du bist hier, um zum Wohle der Welt beizutragen. Du hast deine Erfahrungen nicht zufällig gemacht. Vertraue deinem Lebensweg und glaube an ihn.

## 81

Engel helfen dir, sich wiederholende Erfahrungen und Muster in deinem Leben zu verstehen, damit du Herausforderungen einschätzen und meistern kannst.

## 82

Du hast die Gelegenheit, deine Weiterentwicklung ganz in die eigenen Hände zu nehmen. Lass nicht zu, dass die Meinung anderer deinen Träumen im Weg steht.

## 83

Betrachte jeden Fehler, den du gemacht hast, als eine Gelegenheit zu lernen und zu wachsen. Lass alle Gefühle von Reue los.

## 84

Die Engel der Vergebung sind dir jetzt besonders nahe. Sie helfen dir, vergangene Situationen loszulassen und die darin enthaltenen Lektionen anzunehmen.

## 85

Du bist nicht auf der Welt, um zu leiden. Gehe nicht länger von der Unvermeidbarkeit negativer Resultate aus.

## 86

Deine gegenwärtige Lektion besteht darin, alles zu meiden, was dazu führt, dass du dich niedergeschlagen oder erschöpft fühlst.

## 87

Du bist ein Lehrer und kannst das Wissen teilen, das du aus deinen Erfahrungen gewonnen hast.

## 88

Eine Tür öffnet sich und bietet dir die Gelegenheit, ein stärker spirituell ausgerichtetes Leben zu führen.

## 89

Du bist in Kontakt mit deinem wahren Selbst. Hüte und pflege diese Verbindung, während sie sich entfaltet.

## 90

Die beste Beziehung, die du je haben wirst, ist die Beziehung zu dir selbst. Sage »Nein« zu anderen und »Ja« zu dir selbst.

## 91

Deine Engel freuen sich über deine Hingabe, geistig zu wachsen.

## 92

Deine Energie bereitet den Weg für freudige und vergnügliche Erfahrungen.

## 93

Dein höheres Selbst fordert dich auf, dir mehr Zeit zum Meditieren zu nehmen, um dein Energiesystem auf eine höhere Stufe zu bringen.

## 94

Du empfängst die Botschaften deiner Engel zurzeit mithilfe deiner Intuitionen. Vertraue dem, was du fühlst.

## 95

Das Universum weiß genau, für welche Schritte du bereit bist. Gib dich ganz dieser Erkenntnis hin.

## 96

Deine Engel ermuntern dich, dein Tempo zu verlangsamen, da sich dadurch Fenster und Türen zu neuen Möglichkeiten öffnen werden.

## 97

Du bist zurzeit ein Magnet für alles Mögliche. Stimme dein ganzes Wesen auf freudige Gedanken und positive Energie ein, um wertvolle Gelegenheiten anzuziehen.

## 98

Deine Absichten und Bemühungen bahnen einen neuen Weg, der dich vorwärtsbringen wird.

## 99

Du hast einen Moment der Erleuchtung. Achte auf alles, was dir derzeit begegnet.

## 100

Deine Engel beglückwünschen dich ob all der hingebungsvollen Arbeit, die du auf dich genommen hast. Du bist ein besonderes Licht in der Welt.

## 101

Gott ist in deinem Inneren und hört aufmerksam auf all deine Gebete und Absichten.

## 102

Mach dir bewusst, dass deine Beziehung zu Gott, den Engeln und anderen Menschen umso besser sein wird, je besser deine Beziehung zu dir selbst ist.

## 103

Wisse, dass Gott dich als ein göttliches und würdiges Kind des Lichts betrachtet.

## 104

Gott und die Engel sind auf jedem Schritt deines Weges bei dir. Bitte sie um Hilfe, wann immer du sie brauchst. Es gibt keinen Grund, dich je allein zu fühlen.

## 105

Gott und die Engel sind jetzt bei dir, um dir im Hinblick auf Finanzen und Sicherheit zu helfen. Bahn frei für Wunder!

## 106

Um vorwärts gehen zu können, wirst du angeleitet, alle Schnüre zu durchtrennen, die dich an Situationen aus der Vergangenheit binden.

## 107

Deine Gedanken und Absichten manifestieren sich vor deinen Augen. Glaube und du wirst empfangen.

## 108

Du bist auf einer Reise, die nach innen führt. Dort findest du alle Antworten, die du suchst.

## 109

Wisse, dass das Göttliche in dir steckt. Deine Engel fokussieren sich auf das Heilige in dir.

## 110

Du wirst von Gott und den Engeln inspiriert und geführt.

## 111

Du bist eins mit allem was ist. Mach dir bewusst, dass alles, was du tust und gibst, ein Dienst an der Welt und all ihren Lebewesen ist.

## 112

Du wirst ermutigt, den höheren Sinn hinter den gegenwärtigen Beziehungen in deinem Leben zu betrachten.

## 113

Meister, Heilige und Lehrer auf höheren Ebenen sind jetzt ganz nahe und helfen dir, vertrauensvoll die nächsten Schritte auf deinem Weg zu machen.

## 114

Deine Engel möchten dir dafür danken, dass du auf der Erde einer von ihnen bist. Du besitzt die wahre Gabe der Heilung.

## 115

Deine Gedanken manifestieren sich jetzt rapide, daher ist es wichtig, auf die Gedanken eingestimmt zu bleiben, von denen du weißt, dass sie deiner Entwicklung dienen.

## 116

Es ist wichtig für dich, in neuen Bahnen und über deine gegenwärtige Situation hinaus zu denken, bevor du Entscheidungen triffst und weitergehst.

## 117

Deine Engel warten darauf, dass du deine Absichten deutlich machst. Werde dir klar darüber, was du willst.

## 118

Um zu wachsen, musst du deine Erwartungen, wie eine Situation ausgehen wird, aufgeben, besonders wenn sie andere Menschen betreffen. Nimm dir Zeit, deine Energie erneut auf deinen eigenen Weg zu fokussieren.

## 119

Du bist eingeladen, deine Macht anzunehmen und dein Leben in die Hand zu nehmen. Warte nicht länger auf den Einfluss anderer, bevor du deinen nächsten Schritt machst.

## 120

Deine Engel können deine Absicht erkennen, dein Bestes zu sein und zu geben. Sei versichert, dass sie dich liebevoll aufmuntern werden!

## 121

Das Universum ist genau Hier und Jetzt bei dir. Wisse, dass du mehr mit dem Himmel verbunden bist als je zuvor.

## 122

Du befindest dich auf einer entscheidenden Stufe deiner Entwicklung, daher ist es wichtig, bewusst und präsent zu bleiben.

## 123

Du begibst dich auf eine höhere Stufe deiner Entwicklung. Alle Herausforderungen, die sich dir bisher gestellt haben, lösen sich nun auf. Die Engel des Aufstiegs sind jetzt bei dir.

## 124

Deine Engel erinnern dich daran, nichts und niemanden spiritueller zu betrachten, als dich selbst. Hole dir das Heilige zurück.

## 125

Deine Engel möchten dich wissen lassen, dass du stets alles nach deinem besten Wissen und deiner besten Erfahrung getan hast.

## 126

Wenn du dich mit einem Hindernis auf deinem Weg konfrontiert siehst oder etwas falsch zu laufen scheint, vertraue darauf, dass Gott Größeres mit dir vorhat.

## 127

Die Zeichen, die du siehst, lassen dich wissen, dass du auf dem richtigen Weg bist, dem Weg des Lichts.

## 128

Du bist jetzt auf einem Höhenflug. Wisse, dass die Engel da sind, dich zu umarmen, während du Liebe und Fülle erfährst.

## 129

Die göttliche Mutter ist mit ihrem liebevollen und nährenden Licht bei dir. Sei versichert, dass du mehr geliebt wirst, als du dir je vorstellen kannst.

## 130

Entscheide dich für ein sinnerfülltes Leben, und unternimm Schritte, von denen du weißt, dass sie dir und deiner Entwicklung dienen.

## 131

Heilige und aufgestiegene Meister sind in diesem Moment bei dir. Sie können erkennen, dass du die Fähigkeit besitzt, zur Heilung der Welt beizutragen und sie mit deinem Licht zu bereichern.

## 132

Deine Engel laden dich ein, dir jetzt die Zeit zu nehmen, dich mit deiner eigenen Energie zu verbinden und auf deinen Körper zu hören. Er hält Botschaften für dich bereit.

## 133

Jesus und die heiligen Meister führen dich jetzt. Dunkelheit wird ans Licht gebracht und aufgelöst – es ist an der Zeit, Wunder zu erwarten.

## 134

Heilende Engel versammeln sich um dich und werden dich zu dem Wissen führen, das dich auf deinem Weg vorwärtsbringt.

## 135

Vertraue darauf, dass die gegenwärtig stattfindenden Veränderungen dich näher zu deinen ursprünglichen Absichten und Zielen bringen.

## 136

Deine Karriere oder Lebensaufgabe eröffnet dir neue Gelegenheiten. Wisse, dass Gott und die Engel jede Entscheidung unterstützen, die für dein Wohl am besten ist.

## 137

Du hast zurzeit die Energie der Manifestation auf deiner Seite. Sei versichert, dass alles, was du brauchst, bereits bei dir und in dir ist.

## 138

Deine Engel und geistigen Führer ermutigen dich, zu vergeben und die Vergangenheit loszulassen, damit du dir eine glücklichere Zukunft erschaffen kannst.

## 139

Es ist wichtig, dass du dich nun mit einer Schar mächtiger Frauen umgibst. Das Göttlich-Weibliche ist die Antwort, die du in deiner jetzigen Situation brauchst.

## 140

Du bist eins mit Gott und den Engeln. Sei standhaft.

## 141

Erzengel schirmen dich jetzt ab und schützen dich.

## 142

Dein Schutzengel umgibt dich jetzt mit Liebe und Akzeptanz. Du wirst geliebt. Du wirst akzeptiert, so wie du bist.

## 143

Du kennst deinen Schutzengel seit vielen Leben. Meditiere und bitte deine Seele, dir hilfreiche Erinnerungen bewusst zu machen.

## 144

Hunderttausend Engel hüllen dich in ihr Licht und ihre Liebe ein.

## 145

Die Erzengel bitten dich, dein Herz zu öffnen und deine Talente wieder zu nutzen, um ihre Botschaften empfangen zu können.

## 146

Du befindest dich in einer Zeit des Wandels. Wisse, dass Engel dich durch diesen Prozess geleiten.

## 147

Deine Engel helfen dir, deine Träume Wirklichkeit werden zu lassen. Sei dir deiner Absichten bewusst und öffne dein Herz, um zu empfangen.

## 148

Deine Engel können dir nur dann helfen, Wunder zu erfahren, wenn du daran glaubst, dass sie möglich sind. Wisse, dass sie *tatsächlich* für dich möglich sind.

## 149

Deine Gefühle sind ein realer Teil deines Wesens. Mit ihnen in Kontakt zu kommen wird dir helfen zu wachsen.

## 150

Große Gelegenheiten kommen deines Weges. Sie werden deine Begeisterung wecken und dir Stabilität bieten.

## 151

Dein Selbstvertrauen wächst und wird deine Gaben und Talente zutage fördern. Halte dein Selbstvertrauen weiterhin aufrecht.

## 152

Dir genug Zeit zu nehmen, den tieferen Sinn hinter deinen Herausforderungen zu überdenken, wird dir erlauben, ohne Angst voranzuschreiten.

## 153

Dein wachsendes Vertrauen in das Universum gibt ihm die Möglichkeit, dir magische Lösungen für deine Herausforderungen zu bieten. Vertraue weiterhin.

## 154

Vertraue deiner inneren Stimme, da sie dir nun die Weisheit der Engel anbietet.

## 155

Du bist ein Meister der Manifestation, und deine Visionen werden Wirklichkeit.

## 156

Setze dich über die von anderen gesetzten Grenzen und negativen Muster hinweg und zweifle nie an deiner Warmherzigkeit und deiner Fähigkeit, zu geben. Du bist von Natur aus liebenswürdig.

## 157

Wenn dir die Vergangenheit einen Besuch abstattet, dann geschieht dies, damit du sie loslassen und Platz schaffen kannst, um dich weiterzuentwickeln. Akzeptiere sie und lass los.

## 158

Das Universum leitet dich um auf einen Weg, der besser mit deinen Absichten und Zielen übereinstimmt. Akzeptiere die Veränderungen, die dir bevorstehen.

## 159

Deine Engel führen dich zu Personen und Informationen, die dir helfen werden, tiefere Einsichten in deine Reise zu gewinnen. Öffne deinen Geist für neue Wege.

## 160

Gottes Stimme ist so laut wie deine Bereitschaft, sie zu hören. Unternimm alles in deinen Kräften Stehende, um hinzuhören … tief in deinem Inneren.

## 161

Das Licht, um aller Dunkelheit ein Ende zu bereiten, leuchtet derzeit besonders stark in dir. Du *bist* das Licht.

## 162

Deine Engel leiten dich an, in dieser Situation der Friedfertige zu sein. Lass dein Licht leuchten.

## 163

Öffne dein Herz der Liebe und lass sie herein.

## 164

Deine Engel helfen dir, die Dinge aus einer höheren Perspektive zu betrachten.

## 165

Du wirst geführt, um offen zu sein für neue Möglichkeiten.

## 166

Es ist wichtig, deine gegenwärtigen Möglichkeiten neu zu überdenken. Deine Engel laden dich ein, deine Absichten mit dem höchsten Wohl in Einklang zu bringen.

## 167

Deine liebevollen Handlungen und Selbstfürsorge öffnen deine Welt für noch mehr Liebe und Segnungen.

## 168

Dein Team von Engeln lädt dich ein, dich nicht zu verzetteln. Richte deinen Fokus und deine Absicht genau auf das gewünschte Resultat aus.

## 169

Es ist jetzt wichtig für dich, in Kontakt mit deinen Gefühlen zu kommen und sie zu würdigen. Deine Engel lieben dich über alles.

## 170

Du befindest dich in diesem Moment in einem mächtigen Zustand und scheinst alles anzuziehen. Damit sich dir Gelegenheiten bieten, richte deine Konzentration liebevoll auf deine Pläne.

## 171

Deine Engel erinnern dich an die Macht deiner Gebete. Wisse, dass sie Wunder schaffen können.

## 172

Deine Engel und deine eigene Energie helfen dir zu erkennen, wer in deiner Umgebung vertrauenswürdig ist, und entsprechend Kontakt aufzunehmen.

## 173

Deine Engel sind bei dir und erinnern dich daran, dass du es wert bist, Wunder zu erfahren.

## 174

Die Engel ermutigen dich, dich deiner Macht bewusst zu werden und die Kontrolle über deine gegenwärtige Situation zu übernehmen.

## 175

Die Veränderungen, die du erfährst, geschehen ganz nach deinem Willen. Vertraue darauf, dass das Universum deine Schritte entsprechend anpasst.

## 176

Das Universum fordert dich auf, dir über deine Absichten klar zu werden, da sie zurzeit eher verschwommen sind. Beginne einen Dialog mit Gott.

## 177

Deine Absicht wird laut und deutlich vernommen. Gott ist es, der dich führt.

## 178

Vertraue darauf, dass du zu den perfekten Gelegenheiten geführt wirst, um deine Gaben und Talente zu offenbaren.

## 179

Deine außersinnlichen Fähigkeiten und dein Bewusstsein entwickeln sich rapide. Meditiere regelmäßig, um den Kontakt mit diesen Gaben aufrechtzuerhalten.

## 180

Nichts geschieht zufällig. Wisse, dass dein Leben auf der Erde einen Sinn hat – einen höheren Sinn.

## 181

Du bist eingeladen, alle schwierigen Situationen der Vergangenheit hinter dir zu lassen, um dich bereit zu machen für Wunder.

## 182

Deine Engel ermutigen dich, dir die Konflikte, Fehler und das negative Verhalten anderer nicht mehr zu Herzen zu nehmen. Du verdienst es, frei von ihnen zu sein.

## 183

Deine Engel und Führer sind an deiner Seite und helfen dir, dein Leben zu überdenken und zu sehen, wie weit du auf deinem Weg der Erkenntnis gekommen bist.

## 184

Vergebung ist ein Geschenk, das du dir selbst machst. Wisse, dass du es wert bist, frei zu sein von der Vergangenheit.

## 185

Die Engel möchten dich wissen lassen, dass sie dich über alles lieben.

## 186

Nimm dir Zeit, um deine gegenwärtige Situation zu überdenken, bevor du irgendwelche lebensverändernden Entscheidungen triffst. Geduld und Fokus sind vonnöten.

## 187

Alles, was du erlebt und gelernt hast, sind Geschenke, die dir erlauben zu verstehen, wer du bist und welche Talente du besitzt. Nimm dir Zeit zu erkennen, dass du eine besondere Seele bist.

## 188

Du bist zurzeit eins mit deinem Bewusstsein und dem Universum. Du bist dir deiner Talente, Träume und Ziele bewusst. Glaube und vertraue.

## 189

Dein drittes Auge öffnet sich, und deine spirituelle Sicht wird klarer. Sehe mit den Augen deiner Seele.

## 190

Kehre nach Hause zu dir selbst zurück und begib dich in die Höhle deines Herzens, wo dein Schutzengel wartet, um dich mit bedingungsloser Liebe willkommen zu heißen.

## 191

Du bildest dir die Botschaften nicht ein, die du empfängst – die Engel sprechen laut und klar zu dir.

## 192

Du wirst ermuntert, jetzt wieder präsenter in deinen Beziehungen zu sein. Deine Lieben brauchen deine Aufmerksamkeit.

## 193

Deine gegenwärtige Situation lässt deine Seele wachsen. Verinnerliche jede Erfahrung und wisse, dass die Engel da sind, um dich zu halten.

## 194

Die Engel möchten dich wissen lassen, dass du jetzt die Gelegenheit hast, dein Gefühl der Sinnhaftigkeit zu stärken. Sei offen für neue Ideen.

## 195

Deine Talente benötigen deine Aufmerksamkeit, wenn sie sich entwickeln sollen. Nimm dir Zeit, tief in dein Inneres zu tauchen und dich und die Gaben, die du besitzt, besser zu verstehen.

## 196

Mache dir deine ursprüngliche Absicht wieder bewusst, um deine gegenwärtige Rolle im Universum besser zu verstehen.

## 197

Anmut ist eine Eigenschaft des Geistes. Deine Engel ermutigen dich, in deinen Worten, Handlungen und Absichten liebevoll zu sein.

## 198

Du lernst derzeit entscheidende Lektionen für deine Seele. Es ist wichtig, um Führung zu beten, damit du sich wiederholende Muster überwinden kannst.

## 199

Willkommen in der warmen Höhle deines Herzens. Du bist im Zentrum deines Wesens angekommen.

## 200

Du bist hier, um die Herzen vieler zu berühren. Du bist ein Geschenk für die Welt. Gott steht hinter dir.

## 201

Wie schön, dass du dem Licht in deinem Inneren vertraust! Deine Engel sind erfreut, dass du deine Göttlichkeit erkennst.

## 202

Gott führt dich, damit du dich selbst noch inniger kennenlernst.

## 203

Deine Hingabe an dein inneres Wachstum ist inspirierend und erhöht die Schwingung aller Wesen in deiner Umgebung.

## 204

Du bist hier, um die Wahrheit zu sagen und Liebe zu teilen. Wisse, dass Gott bei dir ist, wo immer du bist.

## 205

Wenn du im Einklang mit deinen wildesten Träumen bist, gibst du ihnen die Chance, dass sie auf anmutige Weise Wirklichkeit werden.

## 206

Achte darauf, dass deine Absichten nicht den freien Willen anderer stören oder beeinflussen.

## 207

Die Magie, die du benötigst, findest du in deinem Inneren.

## 208

Um vorwärtsgehen und dich weiterentwickeln zu können, musst du dich der Wahrheit stellen. Sei ehrlich mit dir selbst.

## 209

Du bist hier, um die Welt mit deiner Anwesenheit zu bereichern. Du bringst deine Umwelt zum Strahlen.

## 210

Gott und die Engel freuen sich über deine Rückkehr zur Wahrheit. Du befindest dich wieder auf dem Weg, der richtig ist für dich.

## 211

Du befindest dich gegenwärtig in einer ganz besonderen Phase, in der du dich mit herausragenden Geistern der Vergangenheit und Gegenwart verbindest. Fokussiere dich auf deine Träume und das höchste Wohl aller.

## 212

Dies ist ein wichtiger Zeitpunkt für dich, um darüber nachzudenken, wer du bist und wie du dich in deine Beziehungen und letzten Endes in der Welt einbringen möchtest.

## 213

Hab keine Angst – dieses Gefühl, zurückgehalten zu werden, ist nichts weiter als ein Zeichen, dass das Universum sich in deinem Namen neu zusammensetzt. Vertraue diesem Prozess.

## 214

Deine Beziehung zu den Engeln ist stärker als je zuvor.

## 215

Du bist an einem Punkt angekommen, wo du deine Ängste überwinden kannst. Hab Vertrauen – du erlebst diesen Moment, um die nächsthöhere Stufe deiner Entwicklung zu erreichen!

## 216

Deine Engel laden dich ein, dich selbst durch ihre heiligen und liebevollen Augen zu betrachten. Erkenne deine innere und äußere Schönheit.

## 217

Du wirst daran erinnert, dass die Energie der Menschen, von denen du umgeben bist, deine Schwingung beeinflusst. Wähle deine Kontakte entsprechend aus.

## 218

Du wirst ermutigt, den Sprung zu wagen und dem zu vertrauen, was dich zum Strahlen bringt!

## 219

Wisse, dass deine Beziehungen zu anderen deine friedliche und liebevolle Führung benötigen. Nimm dir Zeit, deine Absicht, innerlich zu wachsen, mit anderen zu teilen.

## 220

Stehe ein für dich selbst, und du stehst ein für die Welt.

## 221

Du wirst von deinen Engeln angeleitet, dich den dunkelsten Aspekten deines Lebens zu stellen, um mehr Licht in deine gegenwärtige Situation und die Welt zu bringen.

## 222

Du hast die Fähigkeit, wie ein Engel auf Erden die Herzen aller Menschen um dich herum zu wärmen. Du bist geboren, um wie ein Licht zu leuchten.

## 223

Aufgestiegene Meister, deine geistigen Führer und Engel ermutigen dich alle zusammen, ehrlich mit dir selbst zu sein, bevor du weitergehst.

## 224

Deine Engel führen dich. Vertraue darauf, dass dir jetzt innerer Friede zuteilwird.

## 225

Deine Aufgabe ist es, eine Veränderung zu bewirken, und was du kürzlich getan hast, stimmt mit dem göttlichen Plan überein. Alles entfaltet sich in einer perfekten Abfolge zur richtigen Zeit am richtigen Ort.

## 226

Vergiss nicht, dass alles, was in einer Beziehung fehlt, von dir beigetragen werden muss. Fokussiere dich nicht auf das Problem, sei die Lösung.

## 227

Gott und die Engel haben deine Gebete gehört und arbeiten daran, die Lösung zu liefern, die für alle Beteiligten am besten ist.

## 228

Das Universum erinnert dich daran, dass deine Erfahrungen und deine Reise von deinen Absichten und Gebeten geleitet werden. Richte deinen Fokus auf das erwünschte Resultat, um es zu realisieren.

## 229

Das Göttliche ermuntert dich, deine Entscheidungen, Gedanken und Absichten auf das höchste Wohl einzustimmen, damit deine Erfahrungen voll Sinn und Fülle sind.

## 230

Deine Aufgabe ist es, glücklich zu sein. Deine Engel ermutigen dich, das zu tun, was dein Herz zum Singen bringt.

## 231

Es mag sich anfühlen, als hättest du einen Schritt zurück gemacht, doch dieser Umweg ist von einem Team von Engeln abgestimmt, die gemeinsam für dein höchstes Wohl tätig sind. Vertraue dem Prozess.

## 232

Du siehst die Wahrheit, und deine Engel ermutigen dich, dieser Wahrheit zu vertrauen und entsprechend zu handeln.

## 233

Aufgestiegene Meister, insbesondere Jesus, sind jetzt an deiner Seite und helfen dir, die Schritte zu setzen, die dich zu deinem höchsten Wohl führen. Bitte um all die Hilfe, die du brauchst.

## 234

Du bist auf dem Weg nach oben. Das Universum ist stolz, mit welcher Hingabe du deine Entwicklung und dein inneres Wachstum vorantreibst.

## 235

Veränderungen treten ein, die dir ein umfassendes Gefühl von Zufriedenheit und Ruhe vermitteln.

## 236

Du bist hier, um dich wohlzufühlen und ein Leben voll Freude zu führen. Deine Engel fordern dich liebevoll auf, dich zu entspannen und loszulassen, da dies die positive Energie in deinem Leben verstärken wird.

## 237

Deine Träume erfüllen sich umgehend. Halte deinen liebevollen Fokus und deine Absichten weiterhin aufrecht.

## 238

Du warst schon einmal hier und deine Verbindung zum Geistigen war ein wichtiger Teil in vielen deiner Leben. Jetzt bist du hier, um ein Leuchtfeuer voll Kraft und Zuversicht zu sein.

## 239

Das Göttlich-Weibliche in Form aller weiblichen Gottheiten, Heiligen und Meister ist hier, um dir dabei zu helfen dich wieder mit den tiefsten Aspekten deines Wesens zu verbinden. Die Wahrheit ist nicht irgendwo da draußen, sondern in deinem Inneren.

## 240

Wisse, dass Gott und die Engel dir jetzt beistehen. Sei offen für Veränderung.

## 241

Deine Engel leiten dich an, deine Gaben zurückzugewinnen. Hör auf, dich selbst schlecht zu machen, und erkenne deine Talente.

## 242

Die Engel betrachten dich mit den Augen bedingungsloser Liebe. Wisse, dass du über alle Maßen geliebt wirst.

## 243

Sei nicht alarmiert, wenn du dich zurzeit niedergeschlagen fühlst. Du verarbeitest Energie, um deine Schwingung zu erhöhen.

## 244

Engel führen dich auf die nächste Stufe. Es ist an der Zeit, dich dessen würdig zu fühlen!

## 245

Die Erzengel sind gekommen, um dir zu helfen, Schnüre zu durchtrennen, die dich zurückhalten. Bereinige, streiche und lösche die Vergangenheit.

## 246

Es bietet sich jetzt die Gelegenheit, liebevolle Harmonie und Energie in dein Leben zu bringen. Dies erfordert Arbeit und Mühen – doch bleib dran, es lohnt sich.

## 247

Zugang zum Kosmischen. Deine Gedanken sind magnetisch und mächtig. Vertraue den Veränderungen, die eintreten – sie sind allesamt Wunder.

## 248

Du bist an einem entscheidenden Punkt deines Lebensweges angekommen. Es bieten sich dir jetzt Gelegenheiten, um mit der Arbeit an deiner Lebensaufgabe zu beginnen.

## 249

Deine Engel leiten dich an, deinen Geist zu befreien. Bring dein wahres und heiligstes Selbst zum Ausdruck.

## 250

Deine Hingabe für deinen Weg und deine Bereitschaft für Veränderung werden belohnt.

## 251

Deine Engel ermutigen dich, deiner inneren Führung zu vertrauen, die sich meldet – sie ist göttlichen Ursprungs.

## 252

Du bist an einem Punkt angelangt, wo sich deine Beziehung mit dir selbst liebevoll in deinen Beziehungen mit anderen widerspiegelt.

## 253

Manchmal offenbart sich die größte Fülle im Wiederfinden der verlorenen Teile deines Selbst. Heiße dich selbst willkommen.

## 254

Deine Engel fordern dich auf, dich selbst genug zu lieben, um deine Gefühle über die gegenwärtige Situation mit anderen zu teilen.

## 255

Die Tore zu Fülle und vielfältigen Gelegenheiten öffnen sich weit. Es ist an der Zeit, im Scheinwerferlicht zu stehen und zu glänzen.

## 256

Um empfangen zu können, musst du bereit sein, zu geben und zu teilen. Lass die begrenzte und mangelorientierte Denkweise hinter dir.

## 257

Vergiss nicht, du bist eins mit dem Göttlichen und allem was existiert; daher ist alles, was du suchst, bereits in dir.

## 258

Triff die Entscheidung, die dich deiner Freude am nächsten bringt, und dein Weg wird sich mühelos vor dir entfalten.

## 259

Du bist in Kontakt mit der göttlichen Führung, und die Inspiration, die du empfängst, ist wahr.

## 260

Nimm dir Zeit, um deiner Familie und deinen Lieben deine Aufmerksamkeit und Unterstützung anzubieten. Sie brauchen dich.

## 261

Es ist wichtig, für einen Partner da zu sein, da er/sie dich jetzt braucht.

## 262

Du bist aufgefordert, dir selbst gegenüber und in deinen Beziehungen ehrlich zu sein.

## 263

Gott und die Engel heißen dich wieder herzlich willkommen! Vielleicht bist du eine Weile von deinem Weg abgekommen, doch du bist ohne Frage mit dem Himmel verbunden.

## 264

Deine Engel erinnern dich, dass es okay ist, menschlich zu sein. Sie lieben, wer du bist und wie du dich entwickelt hast.

## 265

Du bist eingeladen, auf die gleiche Weise für dich einzustehen, wie du für andere einstehst.

## 266

Sprich liebevoll mit dir selbst. Gott hört immer zu.

## 267

Öffne dein Herz und dein Energiefeld, um Fülle zu erfahren.

## 268

Finde ein Gefühl der Zufriedenheit im gegenwärtigen Stadium deiner Entwicklung. Genieße die Segnungen des Hier und Jetzt.

## 269

Das Wesen einer Sache zu erkennen wird dich liebevoll zur gesuchten Lösung führen. Entscheide dich, aus dem Kern deines Wesens heraus zu agieren und zu reagieren.

## 270

Gott ist hier und möchte dir alles geben, was du dir wünschst. Erlaube dir selbst zu glauben, dass du dieser göttlichen Liebe würdig bist.

## 271

Der nächste Schritt auf deinem Weg liegt allein bei dir. Werde dir in deinem Herzen klar, wohin diese Reise gehen soll.

## 272

Der Schlüssel zu Fülle und Manifestation liegt aktuell darin, dich mit deinem Herzen und allem, was du liebst, zu verbinden. Dies wird dich auf die höchste Schwingungsebene heben.

## 273

Dir wird nahegelegt, dich mit deinem inneren Feuer und deiner inneren Kraft zu verbinden, um in den Zustand der Ganzheit zurückzukehren.

## 274

Deine Engel sind deine größten Cheerleader, und sie sind auf jedem Schritt deines Weges bei dir. Erhebe dich und lass alle Konflikte hinter dir.

## 275

Die Veränderungen, die du erlebst, sind die notwendigen Schritte, um deine Absichten zu manifestieren. Vertraue.

## 276

Du wirst neue Kraft finden, wenn du dich daran erinnerst, dass du nie allein bist. Gott lebt in deinem Inneren und ist immer bei dir.

## 277

Das Universum ist bei dir. Erhebe dich und ehre deine innere Kraft.

## 278

Dein Leben ist zu Höherem bestimmt. Bleibe fokussiert auf dein Ziel.

## 279

Du wirst eingeladen, die gegenwärtigen Herausforderungen hinter dir zu lassen, um dich weiterentwickeln zu können.

## 280

Hab' Vertrauen in den Weg, der sich vor dir entfaltet. Alles geschieht, wie es geschehen soll.

## 281

Deine Engel rufen dir in Erinnerung, dass dein Leben in deinen eigenen Händen liegt. Hol dir deine Macht zurück.

## 282

Eine große Lektion in Sachen Durchsetzungsvermögen und Glaubwürdigkeit steht dir bevor. Ergreife das Wort und werde gehört.

## 283

Du wirst angeleitet, deine Fürsorge und dein Mitgefühl erstrahlen zu lassen. Entscheide dich dafür, Liebe zu sein.

## 284

Deine Engel spornen dich an, das zu tun, was richtig ist. Sei anderen zu Diensten und wisse, dass dein eigener Weg auf die gleiche Weise unterstützt wird.

## 285

Deine Engel bitten dich, der Weisheit in deinem Inneren und dem aus deinen Erfahrungen gewonnenen Wissen zu vertrauen. Du trägst die Antworten in dir.

## 286

Deine Engel empfehlen dir, dich zurückzuziehen, um deine Batterien neu aufzuladen. Die Energie göttlicher Heilung umgibt dich.

## 287

Du befindest dich auf dem Pfad des Lichts, der Liebe und der Vergebung. Bade im Licht und manifestiere deine Zukunft aus der Perspektive der Liebe.

## 288

Magie manifestiert sich überall um dich herum. Vertraue darauf, dass deine Träume und Visionen Wirklichkeit werden.

## 289

Bekenne dich erneut zu deiner Wahrheit. Bekenne dich erneut dazu, wer du bist. Wisse, dass du hier bist, um Großes zu erreichen.

## 290

Übernimm die Kontrolle und sei ein Vorbild für andere. Gott ist an deiner Seite.

## 291

Die Engel und der Heilige Geist sind bei dir. Denke daran, dass nur die Liebe real ist.

## 292

Wunder entfalten sich vor deinen Augen. Bereite dich darauf vor, dass sich die Wahrnehmung und Realität verändern werden.

## 293

Du lässt jetzt deine selbst gesetzten Grenzen hinter dir und gelangst in eine Sphäre, in der dir Hilfe sicher ist. Die göttliche Macht beschützt dich.

## 294

Deine Engel flüstern dir durch dein Herz liebevolle Ratschläge zu. Gehe in dich, lausche und verbinde dich mit ihrer Liebe.

## 295

Es gibt göttliche Downloads in deiner Seele, die du öffnen musst, um auf deinem Weg voranzuschreiten.

## 296

Du bist erfüllt und umgeben von Liebe. Erkenne deinen göttlichen Wert. Beginne, indem du dich selbst liebevoll betrachtest.

## 297

Fokussiere dich auf deine Absicht und vertraue auf die Macht des Himmels. Du wirst von einer ganzen Truppe von Engeln unterstützt.

## 298

Sei standhaft. Richte deine volle Konzentration auf deine Aufgabe, und dein Weg wird sich auf perfekte Weise vor dir entfalten. Du bist hier, um die Angst vor Verfolgung zu überwinden.

## 299

Die göttliche Wahrheit in deinem Inneren ist mächtig und hier, um die Welt mit ihrem Licht zu erhellen.

## 300

Gott, aufgestiegene Meister und Engel sind hier, um deinen Weg mit ihrem reinen Licht zu segnen.

## 301

Du befindest dich derzeit in perfekter Übereinstimmung mit dem Himmel. Lass nichts deinen Flow und deine spirituelle Verbindung stören.

## 302

Du entwickelst dich sowohl persönlich als auch beruflich. Halte deine Energie hoch und richte deinen Fokus darauf, die Welt besser zu machen.

## 303

Gott sendet dir geistige Führer und heilige Meister, um dich zu unterstützen. Lass das Licht herein.

## 304

Engel umschweben dich und laden dich ein, deine Gedanken, Absichten und Energie auf die höchstmögliche Schwingungsebene zu heben.

## 305

Stelle dich deinen Herausforderungen, damit du selbst Veränderungen vornehmen kannst und sie dir nicht von außen aufgezwungen werden. Ehrlichkeit und Integrität sind das Gebot der Stunde.

## 306

Wende dich an deine Engel und bitte sie, dir zu helfen, ausgeglichen zu bleiben und fokussiert auf deine Prioritäten.

## 307

Du bist das Wunder. Du bist die Magie. Alles, was du zurzeit in Angriff nimmst, wird dir gelingen.

## 308

Deine spirituelle Entwicklung beschleunigt sich jetzt. Vielleicht wirst du bemerken, dass neue geistige Führer erscheinen, während du dich weiterentwickelst.

## 309

Dein höheres Selbst führt dich jetzt. Lausche tief nach innen und sei offen für neue Anleitungen.

## 310

Du bist Eins mit deiner höheren Macht. Wisse, dass du geliebt und unterstützt wirst.

## 311

Deine Energie und Gegenwart sind ein Geschenk für die Welt. Dein Bewusstsein ist offen und in Einklang mit dem allumfassenden Leben.

## 312

Du wirst ermuntert, die positive Entwicklung zu erkennen, die gegenwärtig in deinen Beziehungen stattfindet. Wisse, dass keine Verbindung zufällig ist.

## 313

Komm' heraus aus deiner Höhle! Lass dein Licht leuchten! Du bist hier, um zu lernen und zu lehren.

## 314

Die Engel ermutigen dich, deinem inneren Licht zu vertrauen und es erstrahlen zu lassen.

## 315

Die Veränderungen, die du erfährst, sind die Antworten auf deine Gebete. Vertraue darauf, dass dir die nächsten Schritte auf deinem Weg zur rechten Zeit enthüllt werden.

## 316

Schaffe mehr Raum für Wunder in deinem Leben. Nimm dir Zeit, einfach nur zu *sein*.

## 317

Die Hingabe an dein inneres Wachstum öffnet das Tor für Wunder. Vergiss nicht, dass Macht mit Verantwortung einhergeht.

## 318

Deine Hingabe, dich weiterzuentwickeln, wird erkannt und geschätzt. Die Engel der Orientierung und Hilfe sind an deiner Seite.

## 319

Deine Präsenz ist deine Kraft. Zeige dich und lass alle deine Schutzschilde fallen, in dem Wissen, dass das Göttliche der einzige Schutz ist, den du brauchst.

## 320

Du hast eine direkte Verbindung zu Gott. Lass dich lieben – du hast das Recht auf eine persönliche Beziehung zu deinem göttlichen Schöpfer.

## 321

Du bist nicht auf dem falschen Weg, doch nun ist es ratsam, dem Göttlichen die Kontrolle zu überlassen. Gib dich seiner Macht hin.

## 322

Du wirst daran erinnert, dass *du* es bist, der sich auf dieser spirituellen Reise befindet, und daher du die Führung übernehmen musst, um dein Licht erstrahlen zu lassen und Entscheidungen zu treffen. Vergebe.

## 323

Aufgestiegene Meister sind bei dir, um alle Blockaden und Herausforderungen auf deinem Weg zu beseitigen, damit du furchtlos leben kannst.

## 324

Deine Engeltruppe steht hinter dir. Ihre Hilfe ist nur ein kurzes Gebet entfernt.

## 325

Schaffe Raum, um unterstützt werden zu können. Du musst von Gott und den Engeln unterstützt werden, um andere unterstützen zu können.

## 326

Lass die niedrigen Schwingungen anderer nicht dein Licht verdunkeln. Stattdessen umgib dich mit Menschen, die dich inspirieren und erstrahlen lassen.

## 327

Dein Lebensplan muss mit dem höchsten Wohl in Einklang sein. Wenn dem so ist, wird Gottes Plan mit deinem übereinstimmen und dir bringen, was du dir wünschst.

## 328

Deine Hingabe, innerlich zu wachsen, ist erkannt worden. Bitte, und es wird dir gegeben.

## 329

Du stehst in Verbindung mit der Macht und Gegenwart der göttlichen Mutter. Wisse, dass du geliebt wirst.

## 330

Engel und aufgestiegene Meister möchten dich wissen lassen, dass Gott an dich und deine Talente glaubt.

## 331

Du bist im Einklang mit der Intelligenz und Liebe Gottes, die dich bei Bedarf unterstützen wird. Vertraue.

## 332

Deine Beziehungen wachsen und vertiefen sich, auf dass du Zufriedenheit findest.

## 333

Du bist gerade sehr eng mit Jesus und anderen aufgestiegenen Meistern verbunden. Du befindest sich an einem entscheidenden Punkt auf deinem Weg, wo du alle bisherigen Rückschläge endgültig hinter dir lassen kannst.

## 334

Deine geistigen Führer und Engel umkreisen dich und halten göttliche Liebe und Schutz für dich bereit.

## 335

Veränderungen sind nur dann problematisch, wenn du vergisst, dass du eins bist mit Gott und den Engeln. Besinne dich darauf, wer du bist.

## 336

Dein Herz erfordert deine Aufmerksamkeit. Atme tief und verlangsame dein Tempo, um dich mit deinem inneren Zentrum zu verbinden, bevor du weitergehst.

## 337

Du befindest dich an der Schwelle der Manifestation und bist zurzeit ein wahrer Quell an Wundern.

## 338

Deine Vergangenheit hält die Antworten auf die von dir gestellten Fragen bereit.

## 339

Du bist im Einklang mit Göttinnen und machtvollen weiblichen Heiligen, die dir helfen, dich zu öffnen und himmlische Liebe in dein Herz zu lassen.

## 340

Deine Engel helfen dir, eine persönliche Beziehung mit Gott einzugehen. Wisse, dass du ihrer würdig bist.

## 341

Dein Geist weitet sich und öffnet dich für die direkte Führung der Engel.

## 342

Dein Engel-Team möchte dich wissen lassen, dass sie deine Beziehungen führen und sich um jegliche Belange kümmern, die dich gegenwärtig beschäftigen.

## 343

Vertraue den Verbindungen, die du in deinem Inneren fühlst – bestimmte geistige Führer kommunizieren mit dir und durch dich.

## 344

Du bist auf der gleichen Wellenlänge wie deine Schutzengel. Sie lieben dich bedingungslos.

## 345

Erzengel Michael und seine Engel des Schutzes umgeben dich mit einem sicheren Ring aus Licht.

## 346

Vertraue darauf, dass die Engel, zu denen du betest, dich immer zu der perfekten Lösung führen, um daran zu wachsen.

## 347

Dein höheres Selbst manifestiert Gelegenheiten, die dich aus deiner Komfortzone drängen werden. Lass die Angst hinter dir und wachse.

## 348

Sei dem Universum gegenüber offen, was du wirklich brauchst, um dich unterstützt zu fühlen.

## 349

Du musst nicht um Erlaubnis fragen, um der zu sein, der du bist. Du wurdest geboren, um mächtig zu sein. Akzeptiere es.

## 350

Deine geistigen Führer bringen dein Leben in Einklang mit der Macht und dem Licht der Fülle.

## 351

Fürchte dich nicht vor der Energie der Veränderung. Sie ist immer in Übereinstimmung mit der göttlichen Ordnung und dient deinem höchsten Wohl.

## 352

An deinen Beziehungen zu arbeiten ist die Mühe wert. Du tust genau das Richtige.

## 353

Deine geistigen Führer ermutigen dich, über deine Grenzen hinauszugehen und dir die Zeit zu nehmen, genau hinzuschauen, was du verändern musst, um persönlich und spirituell zu wachsen.

## 354

Deine Engel helfen dir, während du die Veränderungen durchläufst, die sich zurzeit ergeben. Bleib fokussiert auf das Licht und lass nicht zu, dass irgendetwas dein inneres Strahlen trübt.

## 355

Die aufgestiegenen Meister ermutigen dich, Licht und Liebe in deine finanziellen Unternehmungen zu bringen. Stimme deine Aktivitäten mit dem Licht ab.

## 356

Dies ist eine Zeit der Entwicklung, und es ist wichtig für dich zu wissen, wie du anderen dienlich sein kannst. Das wird die Kanäle für Gott öffnen, *dir* zu dienen.

## 357

Öffne deinen Geist, um die Dinge anders zu sehen. Du wirst ermutigt, dich auf das Wunderbare vorzubereiten, und indem du deine Wahrnehmung änderst, wirst du eine wundersame Transformation erfahren.

## 358

Es ist wichtig, Absichten zu verfolgen; doch genauso wichtig ist es, offen zu sein für Ereignisse, die nicht ganz nach deinem Plan verlaufen. Wisse, dass Gottes Plan immer zu deinen Gunsten arbeitet.

## 359

Deine Engel möchten, dass du tief in dein Inneres blickst und erkennst, dass du so hell leuchtest und leicht bist wie noch nie zuvor. Gut gemacht! All deine innere Arbeit hat sich gelohnt.

## 360

Damit du Harmonie erfahren kannst, bittet Gott dich, eine Bestandsaufnahme vorzunehmen, was dir aktuell am besten dient, und dann entsprechend vorzugehen.

## 361

Deine Seele bittet dich, zu deiner ursprünglichen Absicht zurückzukehren, bevor du den nächsten Schritt machst. Du bist abgelenkt von dem, was gut für dich ist. Bring' dich wieder auf Kurs.

## 362

Deine Beziehungen erfordern momentan deine bewusste Aufmerksamkeit, und es ist wichtig, offen zu sein für ein eventuelles Feedback. Vergiss nicht, jede deiner Beziehungen stellt eine Aufgabe dar.

## 363

Dein Herz wird immer weiter, und du öffnest dich deinen spirituellen Sinnen. Es ist wichtig, dafür zu sorgen, dass du um himmlische Unterstützung und Schutz ersuchst, um diese Entwicklung fortzuführen.

## 364

Deine Engel sind bei dir. Bitte sie um ihre Hilfe und Unterstützung und gehe voller Vertrauen voran, wohl wissend, dass du geführt wirst.

## 365

Es bietet sich dir jetzt eine Gelegenheit für Reichtum und Fülle. Deine Engel ermutigen dich, deinen göttlichen Wert wiederzuentdecken.

## 366

Stopp! Geh' nicht weiter, bevor du dich nicht erneut zu deinen Absichten bekannt und einen Expertenrat eingeholt hast. Diese Situation könnte deinem inneren Wachstum im Weg stehen.

## 367

Welch energetische Blockaden du auch immer erfahren hast, sie werden jetzt aufgelöst. Die Dinge beginnen, sich vorwärts zu bewegen.

## 368

Dein Weg und deine Mission verlaufen genauso, wie sie es sollen. Vergiss nicht, dass deine Seele dich immer wissen lassen wird, was deiner Freude und Zufriedenheit dient.

## 369

Es kann sein, dass du momentan besonders empfindsam bist, doch ist es gerade jetzt wichtig, nach innen zu horchen, da die aufsteigenden Gefühle Botschaften sind, die dir vermitteln, was für deinen weiteren Weg am wichtigsten ist.

## 370

Gott und die aufgestiegenen Meister helfen dir nun, deine Absicht zu manifestieren. Konzentriere dich auf positive Energie und Dankbarkeit, und du wirst Wunder bewirken.

## 371

Deine Absichten wurden beachtet. Vertraue darauf, dass das Resultat so ausfallen wird, wie es nötig ist.

## 372

Die Engel erinnern dich daran, die Menschen, die dir am meisten am Herzen liegen, bei deinen Plänen und Zukunftsvisionen einzubeziehen. Lass sie an deinen Gedanken der Fülle teilhaben.

## 373

Dein höheres Selbst manifestiert wichtige Lektionen, damit du in deiner gegenwärtigen Situation die Rolle eines Lehrers/Leiters übernehmen kannst. Nimm dir Zeit, zwischen den Zeilen zu lesen, was passiert.

## 374

Deine Engel bejahen deine gegenwärtigen Absichten. Wisse, dass du aufgefordert wirst, entsprechende Schritte zu unternehmen, um sie Realität werden zu lassen.

## 375

Du wirst daran erinnert, dich nicht vor Veränderungen zu fürchten. Mach dir bewusst, dass Gott und die Engel immer bei dir sind.

## 376

Wenn die Angst hochkommt, wisse, dass du auf der Schwelle zu etwas Wunderbarem stehst. Vertraue und bitte um Unterstützung.

## 377

Das Wunder, das du suchst, ist zum Greifen nahe. Bleibe fokussiert und verbunden mit der Macht und dem Licht der Liebe.

## 378

Der nächste Schritt auf deinem Weg steht an, doch musst du weitergehen, bevor du weißt, was als Nächstes passieren wird.

## 379

Verbinde dich wieder mit deiner inneren Kraft. Erinnere dich, wer du bist und welche Talente du hast. Wisse, dass du auf die Welt gekommen bist, um zu leuchten.

## 380

Gott möchte dich wissen lassen, dass du stark bist und diese Situation meistern kannst.

## 381

Deine Engel führen dich, und deine gegenwärtige Situation wird bald einen Sinn ergeben. Wisse, dass du die Kraft auf deiner Seite hast.

## 382

Du knüpfst Freundschaften und andere Kontakte, die für deine Entwicklung wichtig sind. Sei unvoreingenommen.

## 383

Du wirst jetzt ermutigt, deine Deckung aufzugeben und auf friedvolle Weise aktiv zu werden.

## 384

Du bist ein Erdengel und wirst ermutigt, Freude und Erfüllung durch deinen Dienst an der Welt zu finden. Sei bereit, anderen zu helfen.

## 385

Du wirst daran erinnert, dass du zwischen verschiedenen Wegen wählen kannst. Befreie dich von der Engstirnigkeit und sei willens, deine gegenwärtige Situation mit anderen Augen zu betrachten.

## 386

Dir die Zeit zu nehmen, deine Situation neu zu überdenken, bevor du weitergehst, bedeutet nicht, dass du aufgibst; vielmehr ist es die Vorbereitung auf eine erhellende, hilfreiche Erfahrung.

## 387

Du wirst zur Wahrheit, zur Antwort und zum Licht geführt. Vertraue dem, was du siehst, hörst und fühlst.

## 388

Dein weiterer Weg wird dir jetzt enthüllt. Sei versichert, dass du von Gottes Hand geführt wirst.

## 389

Der Weg, auf dem du dich befindest, führt dich zu dir selbst zurück. Du selbst bist der weise Lehrer. Gehe nach innen und lausche.

## 390

Gott ist dir dankbar.

## 391

Deine Verpflichtung, dich weiterzuentwickeln, wird im gesamten Kosmos anerkannt. Danke für deine Hingabe an das Licht.

## 392

Du bist von positiven und mächtigen Menschen umgeben. Sauge all dies Gute auf und teile es mit allen, die dir nahestehen.

## 393

In dir schlummert großes Wissen, dass nun bereit ist, entdeckt zu werden. Deine Seele fordert dich auf, es durch Achtsamkeit, Meditation und Journaling erfahrbar zu machen.

## 394

Deine Engel laden dich ein, dich auf eine liebevolle Weise zu betrachten. Liebe dich selbst.

## 395

Das Universum fordert dich auf, ihm deine Sorgen zu überlassen, damit es dich unterstützen kann. Lass los und lass Gott wirken.

## 396

Du wirst angehalten, dich nach innen zu wenden, bevor du den nächsten Schritt unternimmst. Denke daran, wer du bist.

## 397

Deine Erfahrungen sind Reflektionen der Energie, auf die du eingestimmt bist. Verbinde dich mit dem, was dich leuchten lässt.

## 398

Deine Engel erinnern dich daran, den rechten Weg zu beschreiten. Lass nicht zu, dass dich irgendetwas von deinem Weg abbringt, insbesondere jetzt, wo du schon so weit gekommen bist.

## 399

Du hast wichtige und aufschlussreiche Botschaften des Göttlichen empfangen. Achte darauf, wie sie dir in Meditationen, Visionen und Träumen enthüllt werden.

## 400

Du bist in direktem Kontakt mit Gott. Wisse, dass deine Gebete gehört werden.

## 401

Lass dich von der Liebe und Gegenwart Gottes tragen. Du bist nicht allein.

## 402

Deine geistigen Führer und dein Engel-Team helfen dir bei deiner gegenwärtigen Situation. Sei du selbst der Engel in deinen Beziehungen.

## 403

Deine Energie wird gerade aktualisiert. Wisse, dass deine geistigen Führer dir während dieses Übergangs zur Seite stehen.

## 404

Gott und die Engel umgeben dich mit einem heiligen Licht des Schutzes. Du bist in Sicherheit.

## 405

Die Veränderungen, die jetzt stattfinden, sind von Gott geführt. Vertraue darauf, dass die Entfaltung deines Weges der göttlichen Fügung entspricht.

## 406

Du wirst aufgefordert, eine Pause einzulegen und in dich zu gehen, da Gott und die Engel die Antworten, die du suchst, bereits in deiner Seele hinterlegt haben.

## 407

Du befindest dich zurzeit in einem Zustand hoher Schwingung und wirst gebeten, dich auf das zu fokussieren, was du jetzt manifestieren kannst.

## 408

Du bist hier, um eine höhere Aufgabe zu erfüllen. Sie wird dich in Einklang bringen mit dem, was deine Freude entfacht.

## 409

Dein höheres Selbst ist immer mit Gott und den Engeln verbunden. Wisse, dass du jederzeit Kontakt mit der göttlichen Intelligenz aufnehmen kannst.

## 410

Du wirst daran erinnert, dir über deine Absichten klar zu werden. Gott hört immer zu und wird antworten, wenn dein Wille mit dem göttlichen Gesetz in Einklang ist.

## 411

Du bist in Einklang mit allem Leben. Jegliche Unterstützung und Orientierung, die du brauchst, sind jetzt verfügbar. Hör hin. Aufmerksam.

## 412

Es ist wichtig für dich, dir nun über deine Gefühle und Absichten klar zu werden, vor allem im Hinblick auf deine Beziehungen.

## 413

Die Engel unterstützen dich, doch nur du kannst den nächsten Schritt machen. Wage den Sprung.

## 414

Deine Engel erinnern dich an ihre Gegenwart. Vertraue, dass deine aktuellen Erfahrungen in Verbindung mit dem Göttlichen stehen.

## 415

Deine Engel spornen dich an, die Veränderungen vorzunehmen, von denen du weißt, dass sie für deine Entwicklung nötig sind. Hol dir deine Stärke zurück.

## 416

Wenn du aufhörst, zu viel zu überlegen und zu planen und dir nicht länger selbst im Weg stehst, können deine Engel aktiv werden und dir wunderbare Lösungen anbieten.

## 417

Deine Engel bitten dich, die Magie hinter deiner gegenwärtigen Situation zu erkennen. Wisse, dass nichts zufällig passiert.

## 418

Deine Engel ermutigen dich zu begreifen, dass dir dein bisheriger Weg ein wichtiger Lehrer gewesen ist und frühere Lektionen jetzt Botschaften für dich bereithalten.

## 419

Deine Engel ermutigen dich, dir deine Stärke zurückzuholen. Lass nicht zu, dass du übersehen wirst.

## 420

Deine Engel helfen dir, eine persönliche Verbindung mit dem Göttlichen zu entwickeln. Du wirst aufgefordert, dich nicht durch die negativen Lehren anderer über Gott von deinem Weg abbringen zu lassen.

## 421

Deine Engel bitten dich, deinen Fokus liebevoll auf deine Beziehung mit dir selbst zu richten.

## 422

Du wirst angeleitet, den Menschen in deiner Umgebung zu helfen. Frage, wie du Menschen in Bedrängnis zu Diensten sein kannst. Anderen zu geben wird auch dir selbst zugutekommen.

## 423

Engel und aufgestiegene Meister helfen dir, die verlorenen Talente und Aspekte deines Wesens wiederzuentdecken.

## 424

Deine Engel konzentrieren sich auf deine persönlichen Beziehungen. Werde dir klar über deine Gefühle und teile die Liebe in deinem Inneren mit jenen, die dir wirklich am Herzen liegen.

## 425

Deine Engel fordern dich auf, die Lektionen aus deiner gegenwärtigen Situation zu verinnerlichen.

## 426

Du wirst angeleitet, dich mit Menschen zu umgeben, die dich ermutigen, dein Licht scheinen zu lassen.

## 427

Deine Engel unterstützen deine Gebete und Bitten bezüglich Liebesangelegenheiten und Beziehungen.

## 428

Deine Engel hören deine Gebete bezüglich deiner Karriere und Lebensaufgabe und möchten dich wissen lassen, dass sie deine Träume unterstützen.

## 429

Deine Engel ermutigen dich, nun die Verbindung mit den zärtlichen Aspekten deines Wesens herzustellen. Deine Verletzlichkeit ist ein Geschenk.

## 430

Deine Engel möchten, dass du dir die Mission wieder vor Augen führst, die hinter deinen gegenwärtigen Entscheidungen und Handlungen steht. Dies hilft dir dabei, weiter voranzukommen.

## 431

Du bist von einer Gruppe Engel, Heiliger und aufgestiegener Meister umgeben, die dich ermutigen, fokussiert und in Verbindung mit dem Licht zu bleiben.

## 432

Du wirst angehalten, um Hilfe und Schutz für deine Beziehungen und Verbindungen mit anderen zu bitten.

## 433

Die Engel und Jesus erinnern dich daran, dass die Verbindung mit dem Königreich des Himmels in deiner Seele verankert ist.

## 434

Engel sind verantwortlich für einige der sich momentan verändernden Energien um dich herum. Dies ist die Antwort auf die Gebete, die du ihnen geschickt hast.

## 435

Du wirst geführt, um deine Gedanken, Handlungen und Absichten zu aktualisieren. Sei ein Engel, wo immer du hingehst.

## 436

Es ist wichtig, dass du dir Zeit nimmst, um dich wieder mit deinem Herzen zu verbinden und mit dem, was dich strahlen lässt, bevor du weitere Entscheidungen triffst.

## 437

Deine Engel unterstützen dich, indem sie Wunder wahr werden lassen.

## 438

Die Engel erinnern dich, dass der spirituelle Weg nicht immer leicht ist, und drängen dich, auf die Aufgabe fokussiert zu bleiben, die deinen Handlungen zugrunde liegt.

## 439

Die Engel fordern dich auf, durch Gebet, Meditation und den Blick nach innen die Verbindung mit dem Göttlich-Weiblichen herzustellen.

## 440

Deine Engel bringen dich in unmittelbaren Einklang mit Gott. Ergreife das Wort und wisse, dass du gehört wirst.

## 441

Deine Engel erinnern dich, dass du ein mächtiges Wesen bist. Berufe dich auf deine innere Kraft und lass sie hinaus in die Welt wirken.

## 442

Die Engel möchten dich wissen lassen, dass sie dich in Beziehungsfragen und allen Angelegenheiten des Herzens führen.

## 443

Deine Engel unterstützen dich, während deine Energie aufgerüstet wird. Es entstehen jetzt neue Kontakte und Verbindungen.

## 444

Du bist von 100.000 Engeln umgeben. Wunder geschehen direkt vor deinen Augen.

## 445

Die Erzengel führen dich. Du wirst nun erfüllt von Licht, Kraft und heilender Energie.

## 446

Deine Engel empfehlen dir, dich zurückzuziehen, um neue Kraft zu tanken. Ausgewogenheit ist wesentlich für deine Weiterentwicklung.

## 447

Deine Engel lassen durch deine Gebete, Absichten und Visionen Gelegenheiten entstehen, die deine Entwicklung fördern. Freue dich auf neue Unternehmungen.

## 448

Deine Engel machen dir bewusst, dass sie deinen Weg entsprechend deiner Absichten und dem göttlichen Gesetz formen und überwachen.

## 449

Du bist in Kontakt mit Engeln und der göttlichen Mutter. Gib dir die Erlaubnis, Liebe zu geben und zu empfangen.

## 450

Gott und Erzengel Michael helfen dir, während du dich Ängsten, Herausforderungen und Rückschlägen stellst. Wisse, dass du in Sicherheit bist.

## 451

Du musst bereit sein, Veränderungen vorzunehmen, damit dir die Wunder, die du brauchst, geliefert werden können.

## 452

Die Weisheit der Engel fordert dich auf, die in deinem Herzen verborgene Wahrheit mit anderen zu teilen. Dies öffnet dein Herz der göttlichen Fügung.

## 453

Die Engel fordern dich auf, dir über deine Pläne und Absichten klar zu werden, damit du geführt und unterstützt werden kannst.

## 454

Es ist an der Zeit, das Bedürfnis nach Kontrolle über dein Leben aufzugeben und offen für die Hilfe und Liebe der Engel zu sein.

## 455

Große Veränderungen ergeben sich jetzt, damit du dich verstärkt auf deine Entwicklung konzentrieren kannst.

## 456

Die Engel fordern dich liebevoll auf, dich mit der Energie der Fürsorge und des Mitgefühls zu vereinen. Ignoriere jegliche aggressive Gedanken.

## 457

Indem du deine spirituellen Gaben einsetzt, wirst du eine Welle spiritueller Unterstützung in deinem Leben erfahren. Bitte die Erzengel um Hilfe, wenn es darum geht, deine Talente voll anzunehmen.

## 458

Du bist derzeit von heilsamer Energie umgeben, die dich aufrecht hält, während du auf deinem Weg inneren Wachstums voranschreitest.

## 459

Deine Engel empfehlen dir, dich auf Wunder vorzubereiten.

## 460

Gott ermutigt dich, in diesem Moment besonders gut auf dich zu achten, da es sehr wichtig ist, dass du voller Energie bist für die nächste Phase deiner Entwicklung.

## 461

Wisse, dass deine innere Vision deiner Selbst heilend sein kann. Unterstütze dich selbst weiterhin liebevoll von innen.

## 462

Du wirst ermutigt, die energetischen Schnüre zwischen dir und den Beziehungen zu durchtrennen, die nicht gut für dich sind und dir nicht das Gefühl geben, heil zu sein.

## 463

Deine Engel fordern dich auf, alles zu tun, was in deinen Kräften steht, um deinen Körper zu lieben und gut für ihn zu sorgen. Das wird dir den weiteren Weg freimachen.

## 464

Deine Engel sind jetzt bei dir. Heiße ihre Hilfe willkommen und vertraue auf ihre Unterstützung.

## 465

Deine Möglichkeit, Wunder zu erfahren, hängt von deiner Fähigkeit ab, daran zu glauben, dass sie möglich sind und du ihrer würdig bist.

## 466

Deine Engel bitten dich, weitere Informationen einzuholen, bevor du weitergehst.

## 467

Deine Engel erinnern dich an deine Fähigkeit, Wunder in deinem Leben zu manifestieren. Glaube an deine Magie.

## 468

Deine Engel unterstützen dich. Wisse, dass sie niedere Schwingungen aus deinem Energiefeld und deinem Leben entfernen.

## 469

Du bist in direktem Kontakt mit einem wichtigen Aspekt dessen, was du zu lernen hast. Sei offen für Wissen, das aus deinem Inneren hochsteigt.

## 470

Gott und die Engel helfen dir nun, universale Mysterien zu verstehen.

## 471

Deine Engel erinnern dich daran, dass du in diesem Leben die Macht hast, ein Führer, Lehrer und Heiler zu sein. Wisse, dass dir deine Gaben gegeben wurden, um sie mit anderen zu teilen.

## 472

Deine Talente können Geschenke sein, die du andern zuteilwerden lässt. Du wirst aufgefordert, deine Talente mit der Welt zu teilen.

## 473

Deine Engel möchten dich wissen lassen, dass Vergebung eine wichtige Lektion ist, die gelernt werden muss, bevor sich die nächste Phase deines Weges entfalten kann.

## 474

Deine Engel unterstützen die Manifestation deiner Träume. Vertraue weiterhin felsenfest.

## 475

Mit deiner Entwicklung geht mehr Macht, aber auch mehr Verantwortung einher. Du wirst aufgefordert, geerdet und mit Gott verbunden zu bleiben, während du deinen Weg fortsetzt.

## 476

Deine Engel leiten dich an, dich deinen Ängsten zu stellen und dich selbst zu fragen, welche Lehre sie für dich bereithalten. Wisse, dass die Liebe in deinem Inneren alles überwinden kann.

## 477

Du bist gegenwärtig besonders stark mit der Energie und dem Gesetz der Manifestation verbunden. Visualisiere, dass deine Gebete bereits beantwortet wurden, um die Realität erleben zu können.

## 478

Deine Engel fordern dich auf, dich mit der Erde zu verbinden. Erde dich, um wieder das Gefühl zu haben, auf dem richtigen Weg zu sein.

## 479

Durch die Führung der Engel wirst du ermutigt, deinen inneren Lehrer zu befreien, um dich auf dein höchstes Wohl einzustimmen.

## 480

Nichts geschieht zufällig. Vertraue, dass der vor dir liegende Weg zu deinem höchsten Wohl führt.

## 481

Engel helfen dir, dich an frühere Lektionen zu erinnern, damit du nicht alte Muster wiederholen musst.

## 482

Deine Engel fordern dich auf, deinem Weg zu folgen und das zu tun, was für dich gut und richtig ist, anstatt auf deine Träume zu verzichten, um den Vorstellungen anderer zu entsprechen.

## 483

Du bist hier, um zu wachsen, und da werden sich Fehler nicht vermeiden lassen. Doch deine Engel möchten dich wissen lassen, dass du geliebt wirst, egal was passiert. Übergib deine Schuldgefühle Gott.

## 484

Du wirst ermutigt, Vertrauen zu haben in das Königreich des Himmels. Deine Engel sind in deinem Namen tätig und jetzt ganz nahe bei dir.

## 485

Du wirst daran erinnert, dass du geboren wurdest, um Liebe zu sein und geliebt zu werden. Löse dich aus Situationen, die diese Wahrheit negieren.

## 486

Deine Engel ermutigen dich, nicht zu vergessen, dass auch »Nein!« eine Antwort *sein kann*. Du solltest sie ruhig öfter benutzen.

## 487

Zu deinem inneren Wachstum gehört, dass du ein Lehrer, eine Führungspersönlichkeit und generell jemand bist, der sich nicht scheut, öffentlich zu reden. Steh' auf und lass deine Stimme erklingen!

## 488

Deine Engel lassen dich wissen, dass zu lehren bedeutet, zu lernen. Du wirst ermutigt, dein Licht leuchten zu lassen.

## 489

Deine Engel warten darauf, dass du in der Höhle deines Herzens ankommst. Daher nimm dir Zeit, in dich zu gehen, und du wirst Liebe finden.

## 490

Du bist im Einklang mit deinem höheren Selbst und wirst von Gott geführt.

## 491

Die Engel sind dankbar, dass es dich gibt, und betrachten dich als ein Leuchtfeuer in der Welt.

## 492

Deine Engel bitten dich, dir Zeit zu nehmen und tief zu atmen. Sei cool, ruhig und konzentriert, bevor du den nächsten Schritt tust.

## 493

Du wirst mit deinen Lieben im Himmel verbunden. Wisse, dass jene, an die du dich regelmäßig wendest, genauso über dich wachen wie die Schutzengel.

## 494

Deine Engel fordern dich auf, dein wahres Wesen zum Ausdruck zu bringen. Es ist an der Zeit, dich nicht länger zurückzuhalten, sondern zu zeigen, wer du wirklich bist.

## 495

Du wirst aufgefordert, die Veränderungen vorzunehmen, die deine Seele braucht, um wachsen zu können. Du bist auf die Welt gekommen, um hell zu strahlen.

## 496

Verbinde dich mit dem, was dich Gott und der Liebe näherbringt. Lass alles los, was nicht gut für dich ist.

## 497

Dein Geist öffnet sich, und neue Gelegenheiten bieten sich dir, Harmonie zu erfahren.

## 498

Du befindest dich an einem heiligen Meilenstein deiner Entwicklung, wo deine Selbsterkenntnis und die Verbindung mit deiner Wahrheit umfassender werden. Wisse, dass du auf dem Weg, den du jetzt beschreitest, geführt wirst.

## 499

Die Engel richten deine Gedanken auf deine innere Stimme und Intuition. Vertraue dem Wissen, das gerade aus deinem Inneren nach oben steigt.

## 500

Gott bereitet den weiteren Weg vor. Öffne dich, um Wunder und Fülle zu erfahren.

## 501

Wisse, dass Gott alle deine Aktivitäten unterstützt, die auf Licht und Güte ausgerichtet sind.

## 502

Deine Beziehungen und Verbindungen mit anderen verändern sich. Vertraue darauf, dass Gott dir bei diesen Veränderungen zur Seite steht.

## 503

Deine derzeitige Entwicklung hängt von deiner Fähigkeit ab, darauf zu vertrauen, dass Gott immer für dich und für das höchste Wohl aller tätig ist.

## 504

Deine Engel sind bei dir und führen dich, um zu verinnerlichen, was wichtig ist, und loszulassen, was nicht wichtig ist.

## 505

Vertraue auf die Veränderungen, bei denen du das Gefühl hast, dass du sie vornehmen sollst, da sie von Gott gewollt sind. Du hast die Fähigkeit, Fülle zu manifestieren. Glaube daran.

## 506

Deine Entwicklung hängt davon ab, wie viel Freude du durch deinen Körper und dein Leben fließen lässt. Strebe danach, Freude zu erfahren und zu teilen.

## 507

Du wirst angeleitet, Platz zu schaffen für Wunder. Wunder manifestieren sich, wenn du ihnen den Weg ebnest.

## 508

Bleibe auf das fokussiert, was dich begeistert und dir ein Gefühl der Sinnhaftigkeit vermittelt. Gott sorgt für den Rest.

## 509

Du bist in Kontakt mit etwas Wichtigem. Höre weiterhin aufmerksam hin und erlaube Gottes Botschaft, dir durch die Stimme deines Herzens bewusst zu werden.

## 510

Deine hingebungsvolle Arbeit an deinem inneren Wachstum wird anerkannt. Wisse, dass du immer mit dem Göttlichen verbunden bist und dass diese Erfahrung stets persönlicher Natur ist.

## 511

Deine Verpflichtung, ein Licht für die Welt zu sein, erhellt die Herzen jener, die es am meisten brauchen. Weiter so!

## 512

Nimm dir Zeit, Frieden in bisher schwierigen Beziehungen zu schließen. Zeige, dass du bereit bist, die Beziehung auf eine liebevolle Weise fortzusetzen.

## 513

Deine Bemühungen, dich zu entwickeln und ein erfülltes Leben zu führen, ebnen den vor dir liegenden Weg. Konzentriere dich weiterhin darauf, wie du wachsen kannst, und lass dich vom Licht führen.

## 514

Deine Engel möchten, dass du weiterhin dein Bestes gibst. Dein Leben ist für andere ein Beispiel dafür, was auch sie erreichen können.

## 515

Eine Veränderung ist das, was du daraus machst. Betrachte die derzeitigen Veränderungen als eine Gelegenheit, dich weiterzuentwickeln und ganz du selbst zu sein.

## 516

Dir die Zeit zu nehmen und herauszufinden, wie du mehr Freude in deinem Leben erfahren kannst und was dir bei diesem lichten Wunsch im Weg steht, wird dir ermöglichen zu erfahren, wie du von jetzt an weiter vorgehen sollst.

## 517

Die gegenwärtige Situation sorgt für eine energetische Veränderung in dir. Du wirst angeleitet, alles loszulassen, was dich bindet. Dann wirst du das Wunder erkennen und die Lösung, die du suchst.

## 518

Es ist wichtig, um das zu bitten, was du brauchst, anstatt dich auf das zu konzentrieren, was du dir wünschst. Lass Gott dir geben, was deinem Wohlbefinden dient.

## 519

Deine Engel sagen dir, dass du dich entspannen und tief atmen sollst. Du musst nicht kämpfen, um dich oder deine Kraft zu beweisen. Lass deine Arbeit für sich sprechen.

## 520

Deine Verbindung mit Gott ist stärker als je zuvor. Die Liebe heißt dich wieder willkommen.

## 521

Was du in anderen siehst, ist eine Reflektion dessen, was auch in dir ist. Lass das Bedürfnis los, zu urteilen und betrachte die Welt mit einem liebevollen Blick.

## 522

Du befindest dich an einem entscheidenden Punkt deiner Entwicklung und bist verbunden mit der Energie der Vergebung. Wisse, dass Vergebung die Erinnerung daran ist, dass du nie wirklich verletzt werden kannst, da nichts deine Seele zu beeinträchtigen vermag.

## 523

Du machst einen Schritt nach vorne und nach oben. Wisse, dass du auf dem richtigen Weg bist.

## 524

Die Engel und deine Lieben unterstützen dich, während du in einen harmonischen und heiteren Zustand übergehst.

## 525

Du und deine Lieben sind nun von einer Energie des Wohlbefindens, der Wunder und Hoffnung umgeben. Nimm alles an, was für dich sinnvoll ist.

## 526

Du bist auf die Welt gekommen, um zu strahlen und von Freude erfüllt zu sein. Nimm dir Zeit und achte darauf, dass deine Beziehungen dir erlauben, dein bestes Selbst zu sein.

## 527

Deine gegenwärtige Situation ist eine Manifestation unausgesprochener Gefühle. Es ist wichtig, dass du dich öffnest, damit du frei und ungehindert weitergehen kannst.

## 528

Die Engel lieben und achten dich und bitten, du mögest weiterhin daran arbeiten, dich selbst zu lieben und zu schätzen. Sie sind hocherfreut über deine Verpflichtung zur Selbstliebe.

## 529

Es vollzieht sich ein Wandel, der deine Beziehungen mit den wichtigen Frauen in deinem Leben verbessern wird. Das Heilen der Mutterbeziehung ist nun möglich.

## 530

Jesus und Gott geleiten dich durch die Veränderungen, die vor dir liegen. Vertraue ihnen aus ganzem Herzen und zweifle nie an deiner eigenen inneren Weisheit.

## 531

Die Bewahrer des Lichts segnen und unterstützen all deine gegenwärtigen Ziele und Verpflichtungen. Du wirst ermutigt, weiterzumachen.

## 532

Deine Engel legen dir ans Herz, loszulassen und auf die Kraft einer höheren Macht zu vertrauen. Du wirst Hilfe finden, wenn du dich der Liebe öffnest.

## 533

Du befindest dich auf dem Weg nach oben und wirst bald alle Bande hinter dir lassen, die dich an Ängste und das Gefühl, verfolgt zu werden, fesseln. Bitte Jesus, dir zu helfen.

## 534

Aufgestiegene Meister, deine Engel und geistigen Führer sind hier, um deine aktuellen Vorhaben mit ihrem Licht und ihrer Liebe zu unterstützen. Dieser Weg, auf dem du dich jetzt befindest, ist gesegnet.

## 535

Der Grundstein für deine Entwicklung ist die Bereitschaft, die dafür nötigen Mühen auf dich zu nehmen. Die Führung der Engel lässt dich die nötige Motivation finden, um dich auf deinen Weg vorzubereiten.

## 536

Deine Engel erinnern dich daran, dass sich Gelegenheiten nur bieten, wenn du bereit bist zu teilen, aktiv zu werden und auf dein Talent zu vertrauen.

## 537

Das Wachstum deiner Seele hängt ab von der Bereitschaft, einen Schritt nach vorne zu machen und Gelegenheiten zu nutzen, wenn sie dir geboten werden.

## 538

Der Weg, auf dem du dich befindest, geht immer weiter. Nimm dir Zeit, um zu sehen, wie weit du schon gekommen bist und wie schön du dich weiterentwickelt hast.

## 539

Um voranzukommen, wirst du ermutigt, dich wieder mit deiner Herkunftsfamilie zu verbinden, vor allem mit den weiblichen Mitgliedern.

## 540

Die Engel haben deine Gebete mit der Bitte um Veränderung gehört. Wisse, dass die göttliche Ordnung dich unterstützt, während du die nächsten Schritte unternimmst.

## 541

Du selbst musst die Veränderungen vornehmen, die du suchst. Gott wird auf deinem Weg bei dir sein, doch du musst den ersten Schritt machen.

## 542

Du wirst ermutigt, offen und ehrlich zu sein im Hinblick auf das, was du brauchst, damit du dich in deinen Beziehungen harmonisch und sicher fühlst. Sprich es aus.

## 543

Deine Engel lassen dich wissen, dass sie dein Engagement, dich zu verändern, erkennen und dich in Richtung Wachstum und Entwicklung führen.

## 544

Deine Engel helfen dir, die notwendigen Veränderungen vorzunehmen, damit du dich sicher und begleitet fühlst und die Fülle genießen kannst. Die Tore zur Fülle werden sich bald öffnen.

## 545

Die Erzengel, einschließlich Erzengel Michael, ermutigen dich, die Bande zu durchtrennen, die dich an deine gegenwärtige Situation fesseln, auf dass du den Weg zurückfinden kannst zu Wachstum, Entwicklung und Freude.

## 546

Die Erzengel ermuntern dich, in dich zu gehen, dich mit deinem Herzen zu verbinden und zu fragen, was dich dahin bringen wird, wo du sein möchtest, und hin zu der Energie, von der du erfüllt sein möchtest.

## 547

Die Engel sind im Namen deiner Gebete und Absichten tätig, die du an sie gerichtet hast. Wisse, dass die Zukunft niemals in Stein gemeißelt ist und du zu den Situationen und Aufgaben geführt wirst, die dir und der Welt am besten dienen.

## 548

Deine Karriere und deine Lebensaufgabe sind derzeit im Wandel begriffen. Wisse, dass die Engel immer versuchen werden, deine Erfahrungen mit dem in Einklang zu bringen, was dich begeistert und dein Licht erstrahlen lässt.

## 549

Deine Engel bitten dich, auf die Stimme in deinem Inneren zu hören und bereit zu sein, die Veränderungen vorzunehmen, um die du gebeten wirst, da sie nötig sind, um ein wunderbares Leben zu führen.

## 550

Gott lässt dir die Antworten auf deine Gebete zukommen. Sei aufmerksam und aufgeschlossen dafür, und lass dir deine eigenen Erwartungen nicht in die Quere kommen.

## 551

In deinem Inneren gibt es ein Licht, und dieses Licht wird nie ausgehen. Erinnere dich, wer du bist und vertraue darauf, dass dieses Licht dich dahin führen wird, wo du sein musst.

## 552

Du wirst aufgefordert, Licht, Freude und Frieden in dein Zuhause, deine Beziehungen und überall dorthin zu bringen, wo du sein wirst.

## 553

Dein Einsatz und deine Bemühungen werden anerkannt und zu positiven Resultaten führen. Nutze deinen aktuellen Schwung.

## 554

Es besteht ein feiner Unterschied zwischen Mühe und Mühelosigkeit. Deine Engel bitten dich, ihnen und ihrer Fähigkeit, dir zu helfen, zu vertrauen. Glaube daran.

## 555

All deine Bemühungen zahlen sich aus. Die Fülle ist dein, du kannst sie leben und genießen. Öffne dein Herz, deine Arme und deinen Geist weit, um die Segnungen zu empfangen, die dir jetzt geboten werden.

## 556

Um empfangen zu können, musst du bereit sein zu geben. Gib großzügig, empfange großzügig. Deine Gaben sind keine Gaben, wenn du sie nicht teilst.

## 557

Woran du glaubst, wird dafür sorgen, welche Erfahrungen du machen wirst. Bekenne dich erneut zu deinen Werten und richte dich auf Fülle und Reichtum aus.

## 558

Der vor dir liegende Weg ist klar, und du gehst furchtlos weiter. Wisse, dass die Liebe Gottes auf deiner Seite ist.

## 559

Dein wahres Selbst und dein physisches Selbst bilden eine göttliche Verbindung. Spüre diese Ganzheit in deinem Inneren und genieße die Segnungen dieses Wohlgefühls in deinem Leben.

## 560

Deine Engel möchten, dass du dich bewusst darum bemühst, dein Tempo zu verlangsamen. Verpflichte dich, achtsamer zu sein, und du wirst offen sein für Hilfe und Unterstützung.

## 561

Deine gegenwärtigen Projekte erfordern Hingabe und Fokus. Die Engel legen dir nahe, Ablenkungen und alles, was deiner Weiterentwicklung im Weg stehen könnte, außen vor zu lassen.

## 562

Damit die Menschen in deinem Umfeld sich ändern können, musst du bereit sein, alte Gewohnheiten und Muster zu ändern, die dein Wachstum blockieren könnten. Vergiss nicht, Beziehungen sind Lehrer für Lehrer.

## 563

Das Universum wird dir besser zu Diensten sein können, wenn du bereit bist, die alten Geschichten, an denen du festhältst, loszulassen. Gib das Bedürfnis auf, ein Opfer zu sein, und werde zum Mit-Schöpfer.

## 564

Deine Engel helfen dir, dich in deiner Haut und in deinem Umfeld wohlzufühlen und legen dir ans Herz, dich selbst zu lieben.

## 565

Alle Sorgen hinsichtlich Finanzen und Investitionen, einschließlich der Überwindung finanzieller Rückschläge, werden jetzt erleichtert. Die Antworten, die du brauchst, werden dir geliefert.

## 566

Die Engel ermutigen dich, innezuhalten und mehr Informationen einzuholen, bevor du fortfährst. Nimm keine plötzlichen Veränderungen vor, da sie sich negativ auf deine Genesung und Entwicklung auswirken könnten.

## 567

Alle deine Sorgen finden jetzt ein Ende, und du wirst aufgefordert, vorwärtszugehen anstatt dich zurückzuhalten. Heute darfst du Wunder erwarten!

## 568

Du wirst weder blockiert noch zurückgehalten, sondern du wirst lediglich aufgefordert, zu vertrauen. Dir mangelt es nur deshalb an Wissen, weil die nächste Phase deines Weges erst dann erschaffen wird, wenn du den nächsten Schritt machst. Doch wisse, dass das Universum auf deiner Seite ist.

## 569

Du verfügst gegenwärtig über wahres Selbst-Bewusstsein. Die Stimme deiner Seele ist lauter denn je, und du wirst aufgefordert, den Botschaften zu vertrauen, die du in deinem Inneren fühlst!

## 570

Gott hat deine Gebete gehört und wird deine Bitte um Unterstützung bald beantworten.

## 571

Die Situation, mit der du dich konfrontiert siehst, ist eine wichtige Lektion, um dich an deine dir innewohnende Kraft zu erinnern. Sei bereit, deine Talente zu entdecken und anzuerkennen, dass sie dir verliehen wurden.

## 572

Es ist jetzt wichtig, dir genug Zeit zu nehmen, um dich mit deinem höheren Selbst zu verbinden. Deine Seele ist uralt und hat viele Erfahrungen gesammelt, mit denen du in Kontakt kommen kannst und an die du dich sogar erinnerst!

## 573

Deine Gedanken der Fülle und die Bereitschaft, zu teilen, schaffen neue Möglichkeiten, die dir erlauben werden, dich geführt und unterstützt zu fühlen.

## 574

Deine Engel fordern dich auf, dich weiterhin mit den Ideen, geschäftlichen Unternehmungen oder Gelegenheiten zu lernen zu beschäftigen, zu denen du dich hingezogen fühlst. Sie alle entsprechen der göttlichen Fügung, und die Unterstützung des Himmels ist dir gewiss.

## 575

Du bist umgeben von Magie. Sei bereit für das bestmögliche Resultat in deiner aktuellen Situation, da die Sterne gerade gut für dich stehen.

## 576

Die nächste Phase deiner Entwicklung wird beginnen, sobald du dich bereitwillig deinen Ängsten stellst. Wisse, dass du nicht allein bist und die Kraft hast, diese Konfrontation zu meistern.

## 577

Wunderbare und magische Situationen ergeben sich jetzt. Nimm all das Gute, das sich entfaltet, mit Freuden an.

## 578

Sei bereit, die Veränderungen anzunehmen, die in deinem persönlichen Leben eintreten. Sie werden dir ein tieferes Gefühl von Freude und Erfüllung bringen.

## 579

Du bist aufgefordert, die Rolle des Lehrers anzunehmen und durch dein Beispiel zu führen. Deine Kraft und dein Licht sind inspirierend.

## 580

Wisse, dass die kleinen Veränderungen, die du in deinem Leben vornimmst, die Welt um ein Vielfaches besser machen. Gott ist dankbar für deine Bemühungen.

## 581

Deine Engel fordern dich auf, die Rückschläge, die du überwunden hast, sowie die erstaunlichen Veränderungen, die dir auf deinem Weg bisher widerfahren sind, neu zu überdenken. Du bist ein magisches Wesen.

## 582

Du wirst daran erinnert, dass sich Beziehungen stetig weiterentwickeln und die perfekte Gelegenheit bieten, dich selbst besser kennenzulernen.

## 583

Deine Engel bitten dich dir klar vor Augen zu führen, wie sehr du dich bemühst. Bejahe dich selbst und das, was du tust, vor allem wenn du dich von anderen unterschätzt fühlst.

## 584

Der Engel der Orientierung ist jetzt bei dir und ermutigt dich, deinen Weg zu wählen und dann die Schritte zu ergreifen, von denen du weißt, dass sie nötig sind.

## 585

Deine Reise auf der Erde ist da, um sie zu genießen. Erfülle alles, was du tust, mit Freude, und du wirst dir den Weg zu wunderbaren Gelegenheiten und Fülle bahnen.

## 586

Die Weisheit der Engel lädt dich ein, Licht in alles zu bringen, was du tust. Vergiss nicht, Wesen des Lichts sind zu jeder Zeit bei dir. Erkenne ihre liebevolle Gegenwart an.

## 587

Deine Entwicklung bietet dir die Gelegenheit, dich zu erheben und deine Kraft erneut voll anzunehmen. Dies ist die perfekte Zeit, um dein Selbstvertrauen wiederzugewinnen.

## 588

Wie ein Phoenix aus der Asche, befindest du dich in einer wichtigen Phase der Veränderung und des Wandels und erhebst dich hoch über das, was dich einst zurückgehalten hat. Breite deine Flügel aus und steige in die Höhe.

## 589

Deine jüngsten Erfahrungen waren sehr lehrreich und haben dich daran erinnert, dass du viel stärker in Kontakt mit dir selbst bist als du früher gedacht hast. Selbstfürsorge ist gerade besonders wichtig.

## 590

Gott dankt dir dafür, dass du endlich wieder auf den spirituellen Weg zurückgefunden hast. Dein Umweg war jedoch notwendig, denn jetzt weißt du zu schätzen, wer du bist und wie du dich weiterentwickelt hast.

## 591

Deine Lebenserfahrungen sind eine wichtige Quelle der Erkenntnis für die Welt. Die Engel ermutigen dich, deinen Fokus weiterhin darauf gerichtet zu halten, der Welt dein Bestes zu geben.

## 592

Du bist in Kontakt mit Personen, die deine Entwicklung positiv beeinflussen und dein inneres Wachstum effektiv unterstützen können.

## 593

Deine Energie wird zurzeit auf eine neue Stufe erhöht. Es ist wichtig zu wissen, dass nichts aus dem Ruder läuft, du wirst nur auf einer tiefen Ebene mit dem Göttlichen verbunden.

## 594

Deine Engel öffnen dein Kronenchakra, damit du die göttliche Führung empfangen kannst. Seelenerinnerungen werden freigelegt.

## 595

Deine Chakras werden auf kristallenes Licht eingestellt, was dich für wichtiges Wissen öffnet, das dich auf eine höhere Aufgabe vorbereitet.

## 596

Deine spirituellen Muskeln brauchen Zeit und Raum, um sich zu erholen. Du arbeitest hart an deiner Selbst-Beherrschung, doch es muss auch Platz sein, um zu spielen und Spaß zu haben.

## 597

Deine Energie ist gerade magnetisch und zieht mächtige Engel an, die dich mit goldenem Licht und wunderbaren Gelegenheiten umgeben.

## 598

Deine Bemühungen, deine Talente weiterzuentwickeln, wurden erkannt. Türen und Tore für zahlreiche Gelegenheiten werden dir jetzt geöffnet.

## 599

Du besitzt tiefes Wissen und hast eine starke Verbindung mit dem Göttlichen. Vertraue der göttlichen Weisheit, die sich dir offenbart und von dir aus in die Welt strahlt.

## 600

Gott stellt im Moment deine Energie wieder her. Nimm dir Zeit, tief durchzuatmen und neue Energie zu tanken.

## 601

Du wirst angeleitet, dich mit deiner inneren Mitte zu verbinden. Nimm dir Zeit, ehrlich und geduldig mit dir selbst zu sein. Dies ist eine Zeit der Erholung.

## 602

Es ist wichtig, sich Zeit zu nehmen für Freundschaften und Beziehungen. Du wirst davon profitieren, dich mit anderen zu treffen, und du hast viel zu geben und zu teilen.

## 603

Dich erfasst momentan eine Welle übersinnlicher und spiritueller Erkenntnis. Wisse, dass deine Erkenntnisse und Visionen göttlichen Ursprungs sind.

## 604

Deine Engel versorgen dich mit einer extra Dosis liebevoller Energie. Es ist wichtig, dir Zeit zu nehmen, um dich gestärkt und erfüllt von neuer Kraft zu fühlen.

## 605

Dein Zugang zur Fülle ist nicht blockiert, doch hast du dich ablenken lassen und wirst daher gebeten, dir über deine Absichten klar zu werden.

## 606

Bringe deine Visionen, Ziele, Aufgaben und Finanzen in Einklang mit Gott, und du wirst von der Macht und Präsenz der Liebe genährt werden.

## 607

Du wirst in Übereinstimmung gebracht mit der Magie und Macht deiner Seele. Lass dich von dem Wissen inspirieren, dass du mit Himmel und Erde verbunden bist.

## 608

Du hast die Gelegenheit, eine Veränderung vorzunehmen. Wisse, dass dir eine Chance gegeben wird, eine neue Unternehmung und Vision in die Tat umzusetzen.

## 609

Du empfängst einen wichtigen Seelen-Download. Nimm dir ein paar Momente, um still zu sein und die Botschaften zu empfangen, die in dir hochsteigen. Das Wissen aus vergangenen Leben und Heilung sind jetzt abrufbar.

## 610

Deine Energie wird mit der Energie Gottes und deiner Seelenaufgabe verbunden. Du tust das Richtige und bist auf dem richtigen Weg.

## 611

Dein Herz, deine Seele und dein Leben entwickeln sich durch das heilige Bewusstsein, dass du verbunden und im Einklang bist mit dem Leben und Allem, was ist und ewig sein wird.

## 612

Dein Herz fordert dich auf, vorbehaltlos und ehrlich zu sein in deinen Beziehungen. Lass den Druck in deinem Inneren los.

## 613

Ehrlichkeit dir selbst gegenüber ist nötig für deine Entwicklung. Es ist wichtig, dass du nach innen schaust und hinsichtlich deines Wohlbefindens und deiner Selbstfürsorge nichts mehr länger aufschiebst.

## 614

Deine Engel möchten, dass du dich wieder mit dir selbst und deinen Bedürfnissen verbindest, bevor du weitergehst. Es ist wichtig, dass du dich mit neuer Energie erfüllt fühlst, bevor du dich anderen Dingen zuwendest.

## 615

Fülle ist ein natürlicher Ausdruck universaler Energie, basierend auf der Fähigkeit, deinen eigenen Wert zu erkennen. Die Weisheit der Engel ermutigt dich, tief nach innen zu schauen und zu erkennen, dass du Fülle verdienst.

## 616

Das Universum ermuntert dich, das zu tun, was für dein geistiges und emotionales Wohlbefinden erforderlich ist. Mach' Platz für dich selbst.

## 617

Die nächste Tür wird sich für dich erst dann öffnen, wenn du eine Tür zur Vergangenheit geschlossen hast. Die Weisheit der Engel ermutigt dich, liebevoll alles loszulassen, was deiner Freude und deinem Wachstum im Weg steht.

## 618

Deine Engel möchten, dass du dich mit dem beschäftigst, was dir Freude und Vergnügen bereitet, bevor du weitergehst. Wenn du die Wahl hast zwischen Freude und Trauer, wirst du ausdrücklich ermutigt, dich für die Freude zu entscheiden.

## 619

Du wirst daran erinnert, dass deine Macht darin liegt, darüber zu entscheiden zu handeln oder nicht zu handeln. Übernimm die Kontrolle in deiner gegenwärtigen Situation, damit du das Ergebnis steuern kannst.

## 620

Du bist dabei, Irritationen in deiner persönlichen spirituellen Verbindung zu überwinden. Gott ist glücklich, wieder eine Beziehung mit dir zu haben.

## 621

Deine Beziehung mit dir selbst hat sich radikal verbessert und deine Selbstachtung aufs Wunderbarste gestärkt. Wisse, dass du es verdienst.

## 622

Deine persönlichen Beziehungen sind derzeit erfüllt von Harmonie. Alle Hindernisse, welche die Liebe blockiert haben, werden aus dem Weg geräumt.

## 623

Es herrscht ein Gefühl des Auf und Ab in deinem Umfeld. Alles, was die Kommunikation und ein besseres Verständnis behindert, wird jetzt beseitigt.

## 624

Dein Engel-Team ist bei dir und fordert dich auf, das zu tun, was du liebst. Jetzt ist es Zeit für dich, deine Flügel auszubreiten und dich in die Lüfte zu erheben.

## 625

Deine Engel ermutigen dich, im Moment davon Abstand zu nehmen, Prozesse an deinem Arbeitsplatz oder kreative Aktivitäten zu kontrollieren. Wenn du einen Schritt zurücktrittst, erlaubst du damit dem Himmel, die Führung zu übernehmen.

## 626

Deine Engel leiten dich an, zum jetzigen Zeitpunkt ganz besonders gut für dich zu sorgen. Bewege deinen Körper, tue das, was Balance in dein Leben bringt, und nimm dir Zeit, deinen Geist zu fokussieren und Klarheit zu gewinnen.

## 627

Deine Engelführer ermuntern dich, »Nein« zu Dingen zu sagen, von denen du weißt, dass sie dir Schmerz und Sorgen bereiten werden. Dann kannst du »Ja« sagen zu dir selbst und deinem inneren Wachstum.

## 628

Die Weisheit der Engel erinnert dich daran, dass deine Aufgabe darin besteht, Glück zu erfahren und weiterzugeben. Du wirst angeleitet, das zu tun, was dich begeistert und große Freude in deinem Herzen entfacht.

## 629

Danke, dass du dir die Zeit nimmst, deine Gedanken und Energie zu sammeln und dich auf dein Wohlbefinden zu konzentrieren. Deine Seele ist jetzt voller Licht und Inspiration, und deine Bemühungen werden belohnt.

## 630

Die Engel rufen dir in Erinnerung, dass du nicht immer an vorderster Front kämpfen musst. Zolle dir selbst Anerkennung und erkenne, dass die Veränderungen, die du in jüngster Zeit vorgenommen hast – sowohl an dir selbst als auch in den Beziehungen mit anderen – Gott gefällig sind und seinen göttlichen Plan unterstützen.

## 631

Du befindest dich gerade in einer Art Energie-Höhle, und es ist wichtig für dich, in dein Herz zu tauchen und auf die Informationen zu achten, die dir dort enthüllt werden. Vergiss nicht, dein Inneres ist immer erfüllt von göttlicher Liebe.

## 632

Das Gefühl der Stimmigkeit und Balance wird sich wieder einstellen, sobald du in deinen Beziehungen ehrlich bist. Gib dein Bedürfnis auf, allen gefallen zu wollen, und bring dein authentisches Selbst zum Ausdruck.

## 633

Aufgestiegene Meister sind dabei, deine Energie aufzurüsten. Du erlebst Klarheit und ein Gefühl der Verbundenheit in Bezug auf deine spirituelle Sicht und deine spirituellen Talente.

## 634

Deine Engel möchten dir danken, dass du dir die Zeit genommen hast, dein Energiesystem ins Gleichgewicht zu bringen, und auf diese Weise deine Verbindung zum Himmel und der spirituellen Ebene intensiviert hast.

## 635

Deine Engel führen dich momentan durch eine Phase der Veränderung. Wisse, dass du ermutigt wirst, die Entscheidungen zu treffen, von denen du weißt, dass sie nötig sind, um deine Talente auszudrücken und Freude in dein Leben zu bringen.

## 636

Willkommen zu Hause bei dir selbst! Es scheint, dass du endlich an einem Punkt angelangt bist, wo du dich selbst wieder liebst. Engel tanzen im Kreis um dich herum und feiern deine Selbstakzeptanz.

## 637

Wisse, dass deine Absichten und Manifestationsgebete beachtet und genau zur richtigen Zeit und am richtigen Ort zum Besten deiner Seele und der Welt beantwortet werden. Deine Engel bitten dich, zu vertrauen und dich in Geduld zu üben.

## 638

Das Ziel deines irdischen Daseins ist es, dein Bewusstsein zu erweitern und auf eine höhere Aufgabe auszurichten. In vergangenen Inkarnationen oder zu einem früheren Zeitpunkt in deinem jetzigen Leben hast du eine folgenreiche Trennung von Gott und dem Geist erlebt. Jetzt ist es an der Zeit, diese Verbindung wiederherzustellen und zu intensivieren.

## 639

Du wirst ermuntert, dir Zeit zu nehmen, um etwas empfangen zu können. Manchmal entsteht das stärkste Gefühl der Verbindung, indem du die Welt so akzeptierst, wie sie ist, bevor du weiter voranschreitest.

## 640

Gott und die Engel öffnen dein Herz und dein Energiefeld, auf dass du göttliche Liebe erfahren und weitergeben kannst. Du bist hier, um die Welt mit deiner Gegenwart zu beschenken.

## 641

Unterschätze deine Talente nicht. Du hast der Welt ein besonderes Licht und Talent anzubieten. Die Engel sind bei dir und sprechen dir Mut zu.

## 642

Deine Engel fordern dich auf zu erkennen, dass die Antwort, die du suchst, bereits in dir liegt. Hör' auf, weiter im Außen zu suchen, sondern geh' stattdessen nach innen.

## 643

Was deinem Inneren entspringt, ist richtig und zuverlässig. Die Weisheit der Engel fordert dich auf, den Botschaften zu vertrauen und ihnen zu folgen.

## 644

Deine Engel erweitern dein Herzchakra, damit du eine tiefere Liebe und Verbindung zu ihnen sowie den geistigen Führern und Ahnen erfahren kannst, die immer für dich da sind.

## 645

Erzengel Michael und Erzengel Raphael sind jetzt bei dir. Wisse, dass du beschützt und von heilender Energie umgeben bist.

## 646

Die Engel bitten dich, dir Zeit zu nehmen, um tief durchzuatmen und darüber nachzudenken, wo du dich im Moment befindest, bevor du die nächsten Schritte machst. Du wirst daran erinnert, dass Achtsamkeit und Geduld Eigenschaften des Geistes sind.

## 647

Deine Engel ermutigen dich, vorwärtszugehen. Warte nicht länger auf die Erlaubnis. Nimm die Angelegenheiten selbst in die Hand. Du befindest dich auf der Schwelle zu einem magischen und wunderbaren Moment.

## 648

Dein Weg wird zusehends klarer. Alle Hindernisse, Blockaden und Sorgen werden beseitigt, damit du dich wieder im Einklang fühlen kannst.

## 649

Deine Engel fordern dich auf, deine momentanen Gefühle zu würdigen.

## 650

Gott gibt dir die Antworten, die Wunder und alles, was du brauchst, um zu wissen und zu tun, was deine Seele zum Strahlen bringt.

## 651

Die Erzengel erinnern dich an die Macht deines Willens. Verbinde dich wieder mit deiner inneren Kraft. Wisse, dass du diese Kraft seit jeher besitzt, mit der du schon so viel überwunden und erschaffen hast.

## 652

Du wirst ermuntert, dein friedvolles Selbst in deine Beziehungen einzubringen, sowohl mit den Menschen, die du liebst, als auch mit denen, die dich herausfordern. Wisse, dass es in deiner Hand liegt, ein Engel zu sein, wo immer du bist.

## 653

Du entwickelst deine Energie und deine Talente weiter. Wisse, dass jegliche Rückschläge oder das Gefühl des Festgefahrenseins nur energetische Feinabstimmungen sind, um deine Schwingung zu erhöhen.

## 654

Deine Engel helfen dir durch alle Veränderungen, die zurzeit nötig sind. Wisse, dass immer dann, wenn du Platz für was Neues in deinem Leben schaffst, du gleichzeitig Platz für Wunder schaffst.

## 655

Du erschaffst Gelegenheiten, die für Unterstützung und Fülle sorgen werden. Die Liebe, die du mit der Welt geteilt hast, kommt jetzt zu dir zurück und segnet dein Leben.

## 656

In der Vergangenheit hast du dein Wohlbefinden oft hintangestellt. Nun wirst du ermutigt zu erkennen, dass dies nicht länger nötig ist. Die Zeit ist gekommen, ein stärker auf Liebe basiertes Leben zu führen.

## 657

Dein Herz hat viele Lektionen der Liebe ertragen. Die Weisheit der Engel erinnert dich daran, dass du nicht hier bist, um nach Liebe zu suchen, sondern dich zu erinnern, dass die Liebe in dir zu Hause ist. Und indem du sie dort findest, wirst du sie in der Welt um dich herum manifestieren.

## 658

Deine Energie erschafft viele Gelegenheiten. Wisse, dass es niemals eine falsche Entscheidung gibt; jeder Schritt, den du machst, bringt dich deiner Aufgabe und Erfüllung näher.

## 659

Wisse, dass deine Energie zunimmt und dein Bewusstsein für alles Spirituelle größer wird. Deine jüngsten Aktionen und Entscheidungen waren im Einklang mit der Liebe. Dein innerer Lehrer spricht laut und klar.

## 660

Gott fordert dich auf, die Dinge zu durchdenken, bevor du weitermachst.

## 661

Gott möchte dich wissen lassen, dass du nicht verurteilt wirst und alles bereits vergeben ist. Nun vergib dir selbst.

## 662

Die Lektionen, die du gerade lernst, sollen dafür sorgen, dass du anderen mehr Verständnis entgegenbringst. Anderen zu vergeben befreit dich selbst.

## 663

Deine Energie erfordert zurzeit deine aufrichtige und volle Aufmerksamkeit. Es ist wichtig, dem Weg zu folgen, der dich der Freude näherbringt, anstatt den Wünschen und falschen Versprechungen deines Egos.

## 664

Die Weisheit der Engel ermuntert dich, auf die Stimme deiner Seele zu hören, was die Menschen angeht, mit denen du dich gerade zu umgeben gedenkst.

## 665

Du wirst aufgefordert, die Veränderungen in Angriff zu nehmen, von denen du weißt, dass sie nötig sind; diesem Auftrag nicht zu folgen würde zu Herausforderungen führen, die dich von deinem höchsten Wohl und deiner Freiheit abbringen.

## 666

Halt! Stopp! *Nein!* Triff keine plötzlichen Entscheidungen. Dein Ego hat die Kontrolle übernommen und weist dir den Weg zu Schmerz und Angst. Aber du kannst wieder das Ruder übernehmen. Bitte um Gottes Licht.

## 667

Du verlässt jetzt diese schwierige Phase der Verzweiflung und Angst. Wisse, dass die Engel dich führen. Hab' Vertrauen in dich selbst, dein Licht und deine Talente.

## 668

Fahre fort mit deinem Mitgefühl und deiner Selbstfürsorge – sie erhellen den Weg, der vor dir liegt. Die Dinge werden von jetzt an heiterer und leichter werden.

## 669

Wisse, dass das Schlimmste in dieser Situation hinter dir liegt. Du kehrst jetzt zurück zu deinem wahren Selbst und wirst dich von nun an voller Energie fühlen, von den Engeln ermutigt und geführt.

## 670

Gott umgibt dich nun mit seiner Kraft und seinem Licht. Konzentriere dich weiterhin darauf, das bestmögliche Resultat in deiner Situation zu erzielen, und es wird sich einstellen. Glaube daran.

## 671

Die Energie der Hoffnung umgibt dich jetzt. Vertraue darauf, dass deine Gebete gehört und beantwortet werden. Die Lösung, die du suchst, ist zum Greifen nahe und wird dir jetzt enthüllt.

## 672

Deine Gedanken und Absichten dirigieren den Flow des Lebens um dich herum. Wisse, dass deine Beziehungen deine liebevolle Aufmerksamkeit benötigen, damit du wachsen kannst.

## 673

Dein Geist hat bewirkt, dass dir eine Welle der Gnade den Weg ebnet und ihn erleuchtet. Deine Fähigkeit, Wunder zu wirken, entfaltet sich auf ideale Weise.

## 674

Deine Engel möchten Teil deines übergeordneten Plans sein, doch dafür benötigen sie deine Erlaubnis. Rufe sie herbei und erlaube ihnen, die Entwicklung deiner Seele zu fördern.

## 675

Die Veränderungen, die du vorgenommen hast und weiterhin vorzunehmen gedenkst, sind von Gott und deinen Engeln begrüßt worden. Wisse, dass deine nächsten Schritte dir jetzt offenbart werden. Harte Arbeit liegt vor dir, doch wenn du dich dieser Aufgabe stellst, kannst du deine Ziele erreichen.

## 676

Du hast zurzeit die Gelegenheit, dich stärker verbunden und im Einklang mit deiner Lebensaufgabe zu fühlen. Die Weisheit der Engel ermutigt dich, keine Projekte aufzugeben, die dich früher mehr begeistert haben, als es heute der Fall ist. Kümmere dich um alle unerledigten Dinge.

## 677

Das, wonach du suchst, wird dir jetzt gegeben. Wunder treten ein, und deine Gebete werden erhört. Heiße diese Segnungen willkommen.

## 678

Bald wirst du Gelegenheiten haben, dich sowohl persönlich als auch in deinem Beruf weiterzuentwickeln. Sammle dich und bereite dich auf den spannenden Weg vor, der vor dir liegt. Du erklimmst eine weitere Stufe des Erfolgs.

## 679

Dein höheres Selbst und deine innere Weisheit sind im Einklang mit den Gelegenheiten, die sich dir gerade bieten. Die Engel ermutigen dich, den Sprung zu wagen in dem Wissen, dass du unterstützt wirst.

## 680

Gott unterstützt dein gegenwärtiges Ziel und deine Entscheidungen. Dein Weg wird gesegnet von der Macht und Gegenwart der Liebe. Genieße die himmlische Unterstützung.

## 681

Nimm dir Zeit, einige der Botschaften, Muster und Lektionen zu verstehen, die dir momentan enthüllt werden. Vergiss nicht, dass deine Gedanken und Absichten die Erfahrungen beeinflussen, die du machen wirst.

## 682

Deine Engel erinnern dich daran, dass der Weg, auf dem du dich befindest, *dein* Weg ist. Mach dich nicht länger von anderen abhängig und warte nicht darauf, dass sie mit dir gehen, denn dann wirst du lange warten. Dies ist *dein* Traum. Also vertraue auf deine eigenen Fähigkeiten und Talente.

## 683

Du wirst aufgefordert, dir selbst mit Liebe und Verständnis zu begegnen im Hinblick auf irgendwelche Fehler, die du gemacht hast, oder Rückschläge, die du in der Vergangenheit mitverursacht hast. Du hast das Beste getan, was du tun konntest. Nun lass diese alten Geschichten los und schreibe eine neue.

## 684

Es ist wichtig für dich, den Menschen deine Talente zu enthüllen und ihnen die Möglichkeit zu geben, ein glorreicher Teil deiner Zukunft zu werden. Deine Engel unterstützen dich.

## 685

Veränderung ist nicht schlecht, sie ist ein Segen. Die Weisheit der Engel lässt dich wissen, dass du viele Veränderungen auf deinem Weg erfahren wirst. Vertraue, dass dir immer der beste Weg enthüllt wird, um voranzukommen.

## 686

Die Lektion, die du zurzeit lernst, ist kein Rückschlag, sondern eine Gelegenheit für dich, deinen Weg nach vorne freizumachen. Es ist jedoch wichtig, alles in deiner Macht Liegende zu tun, um die gegenwärtige Situation zu lösen, bevor du weitergehst.

## 687

Deine Engel fordern dich auf, in deiner gegenwärtigen Situation die Position eines Lehrers oder Anführers zu übernehmen. Die Botschaften und Lektionen, die du mit anderen teilen kannst, sind genau die, die auch du benötigst.

## 688

Dein Weg ist von Gott und den Engeln gesegnet. Es wird sich dir eine einmalige Gelegenheit bieten. Erwarte wahre Wunder!

## 689

Willkommen zurück in der Höhle deines Herzens. Du bist wieder in Kontakt mit deinem wahren Selbst. Und Liebe ist das, was du bist.

## 690

Gott ist stolz darauf, was aus dir geworden ist. Danke, dass du wieder einmal an dich geglaubt hast.

## 691

Deine Hingabe an dein inneres Wachstum und an deine Seele wird anerkannt. Diese Hingabe ist wichtig, denn je besser du dich selbst kennst, desto besser wirst du Gott und deine Engel kennen.

## 692

Es gibt Gelegenheiten für dich, ein neues Gefühl der Liebe zu erfahren, entweder in einer neuen Beziehung oder durch das Wiederaufflammen der Liebe in einer gegenwärtigen Verbindung. In jedem Fall wisse, dass dies eine Zeit der Liebe ist.

## 693

Deine Fähigkeit zu lieben und geliebt zu werden beruht auf deiner Fähigkeit zu wissen, dass du Liebe verdienst. Du *verdienst* sie, Punktum. Du bist Liebe, und Liebe ist dein unantastbares Anrecht.

## 694

Deine Engel sind dankbar, dass du dir die Zeit nimmst, regelmäßig in Kontakt mit ihnen zu treten und ihre Botschaften zu empfangen. Sollte in diesem Moment eine Botschaft aus deinem Inneren aufsteigen, wisse, dass sie von den Engeln kommt.

## 695

Das Universum gestaltet deinen Weg entsprechend deinem Bewusstseinsgrad und der Hingabe an dein Wachstum. Wisse, dass dir nie etwas aufgeladen wird, das du nicht bewältigen kannst. Verbinde dich mit deinem Willen und seiner ungeheuren Kraft, um das Unmögliche möglich zu machen.

## 696

Deine Engel ermutigen dich, dem Flow des Lebens zu vertrauen, vor allem wenn du das Gefühl hast, als hätten die Dinge sich in letzter Zeit arg verzögert. Gib dein konstantes Bedürfnis auf, ständig beschäftigt zu sein, und erinnere dich, dass weniger mehr ist.

## 697

Deine Träume, Erwartungen und Ziele manifestieren sich zurzeit besonders schnell, was auf deine Hingabe, dich zu entwickeln und auf dich zu achten, zurückzuführen ist. Freue dich über die Segnungen und wisse, dass sie ein Zeichen dafür sind, dass du eine mächtige, schöne und verdienstvolle Seele bist.

## 698

Deine Entwicklung nimmt Tempo auf, und die nächsten Schritte, auf die du gewartet hast, werden dir offenbart. Danke für dein Vertrauen in den göttlichen Plan.

## 699

Dein innerer Buddha wird jetzt aktiviert. Vertraue jeglichen erleuchteten Gedanken oder Visionen, die in dir emporsteigen, denn sie sind inspiriert von den Erinnerungen deiner Seele.

## 700

Wisse, dass Gott hinter dir steht und bei jedem Schritt auf dem Weg bei dir ist. Das Wunder, das du brauchst, ist bereits in dir. Vertraue auf deine Fähigkeit, die Welt mit deinem Licht zu erhellen.

## 701

Die Energie der Manifestation um dich herum ist im Moment besonders stark. Fokussiere dich weiterhin auf deinen Weg.

## 702

Gott hilft dir bei deinen Beziehungen. Wisse, dass es derzeit Gelegenheiten für dich gibt, dich enger mit deinen Lieben zu verbinden.

## 703

Wisse, dass sich deine Zukunftsvision rapide vor deinen Augen entfaltet. Die göttliche Weisheit ermutigt dich, motiviert und auf das bestmögliche Resultat fokussiert zu bleiben.

## 704

Die Gegenwart deiner Engel und ihre Botschaften manifestieren sich physisch, sodass du sie nicht übersehen kannst. Öffne deine Augen, um die Dinge in einem neuen Licht zu sehen, und wisse, dass deine Engel dich unterstützen.

## 705

Du ziehst gerade die Energie der Sterne zu dir herab und wirst aufgefordert, dir höhere Ziele zu setzen, als du es bisher getan hast.

## 706

Deine Fähigkeit, Wunder zu manifestieren, wird freigesetzt, sobald du die emotional kraftzehrenden Situationen in deinem Leben meisterst. Hol dir deine Kraft zurück.

## 707

Gott hat deine Gebete gehört und möchte dich wissen lassen, dass die Wunder, die du brauchst, im Einklang sind mit deinem höchsten Wohl und jetzt deines Weges kommen. Freue dich auf das Wunderbare!

## 708

Du bist der Hüter deines Körpers und deines Lebens. Die Weisheit der Engel erinnert dich daran, nicht Opfer der Umstände zu werden, sondern deine Gedanken, Absichten und Aktivitäten mit Energie aufzuladen, die dich auf deinem weiteren Weg unterstützen wird.

## 709

Die Erfahrungen, die du momentan machst, sind von deiner Seele entworfen worden und tragen zu deinem inneren Wachstum bei. Öffne dein Herz für neue Möglichkeiten und neue Wege, die dich voranbringen.

## 710

Die Macht Gottes lebt in dir. Spirituelle Erfahrungen bieten sich dir und unterstützen deine weitere Entwicklung.

## 711

Das Universum steht hinter deinen Unternehmungen und Abenteuern. Die Kraft der Einheit hält Einzug in dein Herz und hilft dir, radikale Veränderungen in deinem Leben vorzunehmen. Im Gegenzug werden diese Veränderungen die Entwicklung und Heilung der Welt liebevoll fördern.

## 712

Deine Beziehungen mit Menschen, die dir nahestehen, sind wichtig. Vergiss nicht, Licht in deine gegenwärtigen Verbindungen, deine Beziehungen und deinen Arbeitsplatz zu bringen. Die Lektionen, die du lernst und lehrst, müssen in deinem eigenen Leben beginnen.

## 713

Gegenwärtig bist du von dem Gefühl erfüllt, die richtigen Schritte zu machen, um dich weiterzuentwickeln. Kleine Synchronizitäten werden zu größeren Wundern führen. Dein Vertrauen zahlt sich aus, und deine Engel bitten dich, mit dieser positiven Energie verbunden zu bleiben.

## 714

Deine Engel sind bereit, dich auf deinem weiteren Weg zu unterstützen und erinnern dich, dass du nicht bereits im Voraus jedes Detail festlegen musst. Bitte um all die Hilfe, die du brauchst, und du wirst feststellen, dass dir der weitere Weg rechtzeitig offenbart wird.

## 715

Deine Engel gratulieren dir zu deinen jüngsten Manifestationen und Wundern. Alles, was du jetzt erlebst, ist eine Erinnerung daran, dass du mit der kreativen Macht des Universums verbunden bist.

## 716

Deine Engel helfen dir jetzt, dich mit neuer Energie versorgt und verbunden zu fühlen. Diese Energie der Regeneration ist nötig, da deine nächsten Schritte einen klaren Fokus und Hingabe erfordern werden. Dies ist die Ruhe vor dem Sturm.

## 717

Deine Magie wird freigesetzt. Du befindest dich an der Schwelle eines magischen Portals, was dir ermöglichen wird, deine Träume zu manifestieren. Bleibe im Einklang mit deinen höchsten Gedanken und Gefühlen, um großartige magische Veränderungen einzuläuten.

## 718

Dir Zeit zu nehmen, dich auf die Segnungen und Wunder zu konzentrieren, die du bisher auf deinem Weg erfahren hast, wird das Vertrauen in deine anziehenden Kräfte aufrecht halten, um noch mehr davon zu erschaffen. Dies ist eine Zeit, dich gesegnet zu fühlen, und sie beginnt damit, dass du die Liebe erkennst, die bereits jetzt in deinem Leben präsent ist.

## 719

Fürchte dich nicht vor deiner Kraft. Du bist verbunden mit den kosmischen Kräften, die dich mit Energie aufladen. Gott ist bei dir und in deinem Herzen und erinnert dich daran, dass deine Gaben, mit der Welt zu teilen, nichts sind, vor dem du Angst haben musst, sondern das du zelebrieren solltest.

## 720

Die wachsamen Augen Gottes und der Engel sind jetzt auf dein Leben und deine Beziehungen gerichtet. Es ist wichtig für dich, zusammen mit deinen Liebsten Ziele und Erwartungen zu formulieren, damit sie sich gewürdigt und als Teil deines größeren Plans fühlen.

## 721

Du entwickelst derzeit deine persönliche Beziehung mit dem Universum. Zuvor hast du dich vielleicht getrennt gefühlt vom Göttlichen, doch jetzt weißt du wirklich, dass du geliebt wirst.

## 722

Du bist an einem entscheidenden Punkt deines Weges angekommen. Vergiss nicht, dass du es wert bist, Hilfe zu empfangen, da dir der Fokus auf deinen Selbstwert wichtige Gelegenheiten bieten wird, gesehen und gehört zu werden. Rufe die Engel der Manifestation herbei – sie sind bereit, dir zu helfen.

## 723

Du bist gegenwärtig von einer vorwärts gerichteten Energie umgeben, die nach Höherem strebt, doch solltest du das Bedürfnis loslassen, deinen Erfolg zu messen, und dich stattdessen mehr auf die Segnungen fokussieren, die du der Welt bringen kannst. Kleine Schritte sind auch Schritte. Wisse, dass die Engel bei dir sind!

## 724

Es ist an der Zeit, dir selbst Ehre zu erweisen und dich von der Welt ehren zu lassen. Wisse, dass die Engel, wann immer sie dich betrachten, einen Funken von Größe und Liebe sehen.

## 725

Die Weisheit der Engel fordert dich nun auf, deinen Geist zu entfesseln. Halte dich nicht zurück – offenbare dein ungezähmtes wildes Selbst und tanze im heiligen Rhythmus des Lebens.

## 726

Dein Weg wird wesentlich glatter verlaufen, wenn du die Menschen, mit denen du dich umgibst und die du in deinen Kreis lässt, in einem neuen Licht betrachtest. Bitte um Führung und folge deiner Intuition, um zu wissen, wem du vertrauen kannst.

## 727

Du bist der Zauberer. Du bist der Priester oder die Priesterin. Du bist das Bindeglied zwischen den Sphären. Die Macht und Gegenwart des Himmels sind jetzt mit dir und in deinem Inneren.

## 728

Dir wird eine Gelegenheit geboten, kleine Veränderungen in deinem Leben vorzunehmen, damit du mehr im Einklang bist mit deiner ursprünglichen Absicht. Verbinde dich erneut mit deinen ursprünglichen Wünschen; dann bewerte, was jetzt gerade passiert, und führe eventuell erforderliche Veränderungen durch.

## 729

Du wirst daran erinnert, dass das Vertrauen in Gott und den Geist entscheidend ist, wenn du den vor dir liegenden Weg klarsehen willst. Gib dein Bedürfnis auf, zu zweifeln und die Dinge zu hinterfragen. Hab' Vertrauen.

## 730

Deine gegenwärtigen Erfahrungen zeigen den Menschen um dich herum, was auch für sie möglich ist. Es ist wichtig für dich, liebevoll und geerdet zu bleiben, da dies weiteren Segen in dein Leben fließen lassen wird.

## 731

Die aufgestiegenen Meister segnen deinen Weg, dich selbst zu meistern, mit ihrem Licht. Also zeige dein wahres Selbst und lass die Dunkelheit hinter dir. Im Innersten bist du Licht.

## 732

Die Weisheit der Engel ermuntert dich zu vergeben, um heil zu werden. Siehe das Licht in allen und vergiss nicht, dass immer dann, wenn du mit der Liebe verbunden bist, kein Ort existiert, den deine Liebe nicht erreicht.

## 733

Jesus und der Heilige Geist segnen dich mit ihrem Licht. Der Heilige Geist beschützt dich, und Wunder sind die natürliche Folge der Liebe, die du ausstrahlst. Wisse, dass die Liebe wahr ist.

## 734

Mithilfe energetischer Downloads enthüllt dir dein Engel-Team Erkenntnisse, unter anderem deine gegenwärtige Situation betreffend. Nimm dir Zeit, diese tiefen Einsichten aus dem Himmel und der Astralebene zu entschlüsseln.

## 735

Dies ist ein Zeitpunkt, um unendliche Fülle zu erfahren. Hindernisse werden dir jetzt aus dem Weg geräumt, und die spirituelle Unterstützung nimmt zu. Es ist wichtig, alle Veränderungen anzunehmen, so wie sie sich dir zeigen.

## 736

Du wirst beschützt und erfährst ein Upgrade deiner individuellen außersinnlichen Schutzmethoden. Es ist wichtig, dass du gut für deine Energie und dein emotionales Wohlbefinden sorgst. Durchtrenne die Schnüre, die dich mit der Vergangenheit verbinden, und bitte um den höchsten Schutz des Himmels.

## 737

Die Engel bitten dich, im Moment ruhig und zentriert zu bleiben. Vertraue auf die Güte in dir und in anderen. Bleibe fokussiert auf das Licht, und indem du dich damit verbindest, wirst du gesegnet, und deine Träume werden wahr.

## 738

Du wirst angeleitet, dem Himmel zu vertrauen und zu wissen, dass du in Sicherheit bist. Du bist ständig von Engeln umgeben, und zurzeit stehen sie ganz nahe hinter dir. Gib jegliche Bedenken auf, die du bezüglich deines Wegs zum Himmel hast, damit er sich vor deinen Augen entfalten kann.

## 739

Dein Herz erwacht nun, und die Meister des Göttlich-Weiblichen ermuntern dich, die göttliche Liebe willkommen zu heißen. Eine wichtige Lektion über harmonisches Geben und Empfangen wird dir zuteil.

## 740

Gott und die Engel möchten, dass du dich jetzt mit der Erde verbindest. Indem du dich erdest, wirst du einen wichtigen Hinweis in Bezug auf deinen Weg erhalten.

## 741

Deine Engel helfen dir, dich selbst durch ihre liebenden Augen zu betrachten. Du hast viele alte Ängste hinter dir gelassen und Rückschläge im Hinblick auf dein Selbstwertgefühl überwunden. Deine neu gefundene Selbstachtung wird dir die Gelegenheiten bieten, der Welt zu dienen, Gutes zu tun und mit Güte behandelt zu werden, während du ihr dienst.

## 742

Deine Engel fordern dich auf, darauf zu vertrauen, dass dir nun eine höhere Ebene des Lernens offenbart wird. Es ist wichtig zu erkennen, wie sehr du aus deinen bisherigen Erfahrungen lernen konntest. Es ist jetzt erforderlich, mehr in dich zu gehen, um weiter voranzukommen.

## 743

Es ist an der Zeit, Aspekte deines Selbst und deiner Talente wiederzuentdecken, die versteckt und vergessen waren. Deine Schutzengel kommen näher und helfen dir, tief in deine Seele einzutauchen und dich selbst voll Begeisterung und Staunen zu betrachten.

## 744

Die Engel segnen deinen Weg mit spiritueller Fülle. All deine vorherigen Bedenken bezüglich Sicherheit, Wohlbefinden oder mangelnder Fülle sind jetzt überwunden. Das Tor zu wunderbaren Gelegenheiten öffnet sich, und dein Einkommen verbessert sich.

## 745

Erzengel Michael hilft dir, dich sicher zu fühlen, während du dein wahres Selbst entdeckst. Halte dich nicht zurück – dies ist nicht der Augenblick, Angst zu haben. Vielmehr ist es eine Gelegenheit zu feiern, wer du bist. Wisse, dass die Engel gemeinsam mit dir deine tiefe innere Selbstakzeptanz feiern.

## 746

Die Weisheit der Engel fordert dich auf, dich zu motivieren und in die Gänge zu kommen. Halte dich nicht länger zurück; es ist an der Zeit, vorwärtszugehen. Lass nicht zu, dass dein Ego die Hauptrolle übernimmt, sondern lass dir von deinem Geist und deinem Engel-Team den Weg leuchten.

## 747

Dies ist eine Gelegenheit, dich in ungeahnte Höhen aufzuschwingen! Also breite deine Flügel aus und drücke alles aus, was du ausdrücken musst, um frei zu sein. Die Engel fliegen mit dir und möchten ein Teil von dir sein.

## ~ 748 ~

Du wirst nun gesegnet. Du hast Frieden mit vielen Aspekten deiner Vergangenheit geschlossen, und dieser Großmut lässt deinen Geist erstrahlen und bietet dir die Möglichkeit, deine Schwingung zu erhöhen und der Erleuchtung näherzukommen.

## ~ 749 ~

Die Weisheit der Engel lässt dich all deinen Mut zusammennehmen und schenkt dir Vertrauen. Wisse, dass sich dir großartige Gelegenheiten bieten dazuzulernen, und dich dein Vertrauen zu einer tieferen Verbindung mit dir selbst führen wird.

## ~ 750 ~

Gott bewilligt deine Wünsche und hält aufschlussreiche Antworten auf deine Gebete für dich bereit. Du musst nicht länger darum bitten; nimm dir einfach die Zeit, sie zu empfangen.

## ~ 751 ~

Die Aufgaben, die sich dir gerade stellen, hast du selbst erschaffen. Die Weisheit der Engel fordert dich auf, ein Feld der Selbstliebe und Selbstakzeptanz um dich aufzubauen, da dies jegliche Blockaden beseitigen und die Antworten in deinem Geist aufleuchten lassen wird, die du brauchst, um weiterzukommen.

## 752

Die Beziehungen in deinem Leben sind wichtige Lektionen für dich. Nimm dir jetzt die Zeit, um dir etwas von der Seele zu reden. Sprich mit Liebe und sorge dafür, dass du gehört wirst. Lass dir von den Engeln helfen.

## 753

Du lässt nun vergangene Ereignisse und altes Karma los. Entscheide dich dafür, die Konflikte mit dir selbst und anderen hinter dir zu lassen. Dies ist der Moment für dich, deinen eigenen Weg zu erschaffen und zu gestalten. Schaffe Platz für positive Energie und Erfahrungen.

## 754

Deine Engel fordern dich auf, Veränderungen vorzunehmen, die nötig sind, um das Göttliche in deinem Leben willkommen zu heißen. Tue das, was deinem Gefühl nach richtig ist. Eine wichtige Erfahrung wartet auf dich.

## 755

Ein Sternentor ist offen, und du befindest dich auf einem kosmischen Weg ungeahnter Möglichkeiten. Deine Gedanken sind mächtig und ziehen alles an, was du benötigst. Die Veränderungen, die sich jetzt ergeben, geschehen in perfektem Einklang mit deinem Willen und der göttlichen Ordnung.

## 756

Die Weisheit der Engel ermutigt dich, darüber nachzudenken, was du dir wünschst und dir größere Ziele zu setzen. Erwarte das bestmögliche Resultat, und deine konzentrierte Absicht wird dir eine großartige Wirklichkeit erschaffen.

## 757

Dein Bewusstsein entwickelt sich, da du dich verpflichtest, dein bestmögliches Leben zu führen. Auch deine Seele entwickelt sich, und du beginnst jetzt deine Verbindung zu allen Dingen und die damit einhergehenden Lektionen zu verstehen.

## 758

Du bist hier, um den Weg der Wahrheit zu beschreiten. Es ist Zeit, standhaft zu bleiben. Bleib auf deine Aufgabe fokussiert. Das wird dir helfen, dich unterstützt zu fühlen. Lass alte Verfolgungsängste los und bring deine Wahrheit zum Ausdruck. Dies wird dir Gelegenheiten bieten, vorwärtszukommen.

## 759

Göttliche Alchemie – du nimmst alte bleierne Energie und verwandelst sie zu Gold. Du lässt alte Geschichten und Probleme hinter dir und begibst dich auf eine Ebene der Kraft und Positivität.

## 760

Gott fordert dich auf, die Mahnungen deiner Engel zu befolgen, die dich bitten, dein Tempo zu drosseln. Du solltest zurzeit bei all deinen Aktivitäten ruhig und achtsam vorgehen. Achte darauf, dich mit der Wahrheit in Einklang zu bringen und darüber hinaus an all jene Menschen in deinem Umfeld zu denken, die von deinen Entscheidungen in der einen oder anderen Form beeinflusst werden.

## 761

Deine Engel bitten dich, deine Aufmerksamkeit auf dich selbst zu richten, bevor du den nächsten Schritt machst. Sie werden mit Freuden den vor dir liegenden Weg erhellen, doch zuerst musst du ehrlich mit dir selbst sein.

## 762

Der Himmel hat deine Hingabe und Fürsorge für die Menschen in deinem Leben erkannt. Man dankt dir für all die Opfer, die du in deinem Leben im Dienst an deine Nächsten gebracht hast. Jetzt ist es an der Zeit, dass *dein* Wille und deine Träume berücksichtigt werden.

## 763

Du wirst momentan mit deiner Lebenskraft verbunden. Bring deine Leidenschaft zum Ausdruck und ängstige dich nicht vor der sexuellen Energie, die in dir aufsteigt – sie ist das Feuer deiner kreativen Selbst-Entzündung!

## 764

Deine Engel bitten dich, dir Zeit zu nehmen und die Energie in deiner Aura und deinem Chakra-System neu aufzufüllen. Vielleicht fühlst du dich erschöpft, doch lass dich davon weder niederdrücken noch zurückhalten. Nimm dir einfach Zeit, deine Energie wiederherzustellen, bevor du auf liebevolle Art weitergehst.

## 765

Deine Finanzen und dein Gefühl der Sicherheit werden von den Engeln upgegradet. Bereite dich auf angenehme Neuigkeiten vor, die dich bereichern werden.

## 766

Engel und aufgestiegene Meister ermutigen dich, dein Licht heller denn je erstrahlen zu lassen. Gestatte nichts und niemandem, dem Licht im Weg zu stehen, das zu leuchten du geboren wurdest. Deine innere Führung dringt jetzt zu dir durch. Hör hin!

## 767

Es ist an der Zeit für dich, zu vertrauen und zu wachsen. Deine Talente kommen zum Ausdruck, und die Engel um dich herum sind beeindruckt von deiner Fähigkeit, hell zu leuchten. Wisse, dass man einige der wichtigsten Dinge lernt, indem man lehrt – es ist an der Zeit, dein Wissen mit der Welt zu teilen.

## 768

Die Engel bitten dich, dein Herz und deinen Geist für neue Möglichkeiten zu öffnen. Viele Wege führen zum Glück und in das Licht. Heilung und hilfreiches Wissen wird dir nun zuteil. Erweitere deinen Horizont.

## 769

Verbinde dich mit deinen Gefühlen, um deine Leidenschaft zu entfachen. Kraftvolle Dinge werden sich manifestieren, wenn du dich mit den wilden, rauen und ungezähmten Aspekten deines Wesens verbindest. Der Zeitpunkt ist gekommen, der Welt alle Seiten deiner wahren Natur zu offenbaren.

## 770

Gott sagt, »Ja«. Setz' dich in Bewegung. Geh' voran. Werde aktiv.

## 771

Es ist Zeit, ehrlich dir selbst gegenüber zu sein und herauszufinden, was du wirklich willst. Du hast Platz geschaffen, um Wunder zu manifestieren – das Einzige, was noch fehlt, ist deine klare Vorstellung davon, was du erreichen willst.

## 772

Bring dein ganzes Wesen in deine Beziehungen ein. Du musst zurzeit präsent und offen sein. Beziehungen haben mit Geben und Nehmen zu tun, und deine Engel möchten, dass du dich weniger ablenken lässt und dich bewusster auf die bedeutenden Erfahrungen in deinem Leben konzentrierst.

## 773

Alle Blockaden, die du gegenwärtig erlebst, sind nichts anderes als deine eigenen Befürchtungen und Ängste. Hab' keine Angst vor deiner Kraft und deinem Licht, sei mutig und ehrlich und übernimm die Kontrolle. Kriegermodus aktiviert!

## 774

Deine Engel helfen dir, die richtigen Prioritäten in deinem Leben zu setzen. Dies ist der perfekte Zeitpunkt, deine alte Haut abzustreifen und alles zurückzulassen, was dein Licht und deine Seele zurückgehalten hat.

## 775

Die Engel der Orientierung sind jetzt nahe bei dir und helfen dir, den Sinn des vor dir liegenden Weges zu erkennen. Sie warten darauf, dass du dich fokussierst, auf dass sie dich vorwärts führen können. Finde deinen Fokus und sei offen für die himmlische Führung.

## 776

Die Engel bitten dich um etwas mehr Geduld, möchten dich jedoch wissen lassen, dass du auf der Schwelle zu dem Wunder stehst, nach dem du gesucht hast. Atme tief und entspanne dich.

## 777

Deine magischen und manifestierenden Fähigkeiten nehmen derzeit zu. Zapfe deine inneren Superkräfte an und lass die Welt an deiner Magie teilhaben.

## 778

Deine Engel ermutigen dich, über die gegenwärtige Situation hinauszublicken und darauf zu vertrauen, dass alles einen Sinn hat. Wisse, dass alles so geschieht, damit du dich mit der Güte und Wahrheit verbindest.

## 779

Die Engel der Liebe umgeben dich jetzt und leiten dich an, dein Herz zu öffnen. Es ist an der Zeit, zu lieben und geliebt zu werden. Lass Liebe herein und strahl Liebe aus!

## 780

Dein gegenwärtiger Weg und die damit verbundene Lektion haben mit deiner Abstammung zu tun. Gott erinnert dich daran, dass es einen Grund für deine familiären Erfahrungen gibt, und fordert dich auf, dich einer Angst oder Verletzung in Bezug auf deine Familie zu stellen, damit ein altes Muster geheilt werden kann.

## 781

Die Weisheit der Engel lädt dich ein, deinen eigenen Beitrag zu dem Weg zu erkennen, auf dem du dich befindest. Das, was du gegenwärtig in der Welt erlebst, wäre ohne dich nicht dasselbe, und es ist wichtig für dich, das Licht und die Gaben klar zu erkennen, die du der Welt schenkst.

## 782

Deine gegenwärtige Verbindung oder Beziehung stellt eine wertvolle Erfahrung für dich dar. Es ist wichtig, jetzt den nächsten Schritt in dieser Beziehung zu machen, der dir eine tiefere, direktere Erfahrung von Liebe ermöglichen wird.

## 783

Deine Rückschläge sind in Wahrheit gar keine; vielmehr sind sie Gelegenheiten für dich, deine Fähigkeit zu erkennen, über die Dunkelheit und die Herausforderungen hinauszuwachsen. Dein Licht und deine Fähigkeit, dich davon zu erholen, sind im Moment stärker und heller als je zuvor.

## 784

Deine Engel helfen dir, die Richtung zu verstehen, in der du dich momentan bewegst. Vertraue, dass dir alles zum rechten Zeitpunkt offenbart wird. Bringe deine Kreativität und Talente in der Zwischenzeit weiterhin zum Ausdruck.

## 785

Die Weisheit der Engel erinnert dich daran, dass du geboren wurdest, um ein erfülltes und glückliches Leben zu führen. Nimm dir Zeit, um alles zu beseitigen, was deinem Glück im Weg steht.

## 786

Die Engel erinnern dich an die Macht des Wortes »Nein«. Wenn du »Nein« sagst zu den Energien, die kraftraubend und hinderlich sind, schaffst du dir den zeitlichen Freiraum, um Wunder zu wirken.

## 787

Deine Energie erfährt gerade ein umfassendes Upgrade, damit du ein besserer Katalysator für Veränderungen und Heilung auf Erden sein kannst. Das Universum braucht dich und deine Talente und dankt dir für deine Bereitschaft, gemeinsam voranzuschreiten.

## 788

Die Synchronizitäten, die du derzeit erfährst, sind eine Reflektion der anziehenden Kraft, die in deinem Herzen wohnt. Du kannst alles verwirklichen, also verbinde dich mit den tiefsten Wünschen deines Herzens, und wenn sie deiner Entwicklung dienen, werden sie sich umgehend verwirklichen.

## 789

Große spirituelle Veränderungen vollziehen sich um dich herum. Dies ist der Zeitpunkt für dich, deine größten Ängste komplett zu überwinden und der Dunkelheit voll ins Auge zu sehen. Du hast die Chance, in ungeahnte Höhen aufzusteigen, wenn du bereit bist, deine tiefsten Schatten zu überwinden.

## 790

Deine innere Stärke wird zurzeit entfacht. Finde deinen Weg zurück zur Ganzheit in dem Wissen, dass Gott dich nährt und deinen Weg unterstützt. Erinnere dich, dass alle Macht, die du suchst, in dir ist, so wie das Königreich des Himmels.

## 791

Dein Leben ist in Einklang mit dem göttlichen Plan. Vertraue darauf, dass sich alles genauso entfalten wird, wie es nötig ist.

## 792

Du wirst eingeladen, dich zu erheben und die Macht in deinem Inneren zu würdigen. Das Universum unterstützt dich, indem es dir die Schritte hin zur Transzendenz zeigt. Vertraue auf das, was dir gegeben wird, und schau nach vorne.

## 793

Deine Ziele und Wünsche erfordern mehr Zeit, Geduld, Energie und Hingabe, um sich manifestieren zu können. Nimm dir mehr Zeit, um zu beten, zu meditieren und eine geistige Verbindung herzustellen, und du wirst großen Nutzen daraus ziehen.

## 794

Die Zeichen und Botschaften, die du empfängst, sind deine Engel, die dich an ihre liebevolle Gegenwart erinnern. Du gehst deinen Weg nie allein.

## 795

Dir werden tief gehende transzendente Einsichten über den nächsten Abschnitt deines Weges gewährt. Das Universum weiß genau, was du brauchst, um im Einklang mit deinem höchsten Wohl zu sein.

## 796

Deine Engel empfehlen dir, nichts zu übereilen und einen Schritt nach dem anderen zu machen. Fülle deine Energie wieder auf, indem du rausgehst und dich an der frischen Luft berauschst, bevor du den nächsten Schritt machst.

## 797

Vertraue den Gefühlen, die im Moment in dir hochsteigen – sie helfen dir zu verstehen, was für dich und deinen Weg am wichtigsten ist.

## 798

Fragst du dich, ob du das Richtige tust oder auf dem richtigen Weg bist? Lass diese Bedenken los, da sie nichts anderes sind als dein Ego, das versucht, dich aufzuhalten. Dein Leben ist erfüllt von Licht und Sinnhaftigkeit, und die Engel sind dir dankbar für deine Hingabe.

## 799

Wisse, dass du mit dem Geist verbunden bist. Deine medialen Fähigkeiten und spirituellen Verbindungen entwickeln sich zurzeit rasant.

## 800

Du bist aufgerufen, ein sinnerfülltes Leben zu führen. Gott möchte größeren Raum in deinem Leben einnehmen. Wenn du bereit bist, den nächsten Schritt zu tun, bringe deine Absicht klar zum Ausdruck, und dieser Schritt wird sich dir zeigen.

## 801

Die Führung der Engel ermutigt dich, konzentriert zu bleiben auf deinen eigenen Weg und alle Ängste in Bezug auf andere Menschen loszulassen.

## 802

Dein Weg wird dir klarer, wenn du dir die Zeit nimmst herauszufinden, wie du in deinen Beziehungen präsenter sein kannst.

## 803

Die Gelegenheiten, die du jüngst genutzt hast, sind wichtig und werden deiner spirituellen Entwicklung dienen.

## 804

Deine Engel bitten dich, nicht zu vergessen, dass deine größten Geschenke für die Welt deine Wahrheit sowie deine Bereitschaft, deine Aufrichtigkeit zu teilen, sind.

## 805

Deine Verletzlichkeit kommt dir zugute. Vertraue auf Gott und deine Engel und wisse, dass dein Weg sich aufs Wunderbarste entfaltet.

## 806

Bemühe dich um Achtsamkeit und tritt vorsichtig auf, während du auf deinem Weg vorwärtsgehst. Achtsamkeit ist zurzeit der Schlüssel zu deiner Verbindung mit dir selbst.

## 807

Dein Ausdruck von Begeisterung und Freude bringt Staunen und Wunder in dein tägliches Leben. Nimm sie mit ganzem Herzen an.

## 808

Du befindest dich in einer Position der Stärke. Sei versichert, dass alles gut ist, so wie es ist, und bleibe weiterhin auf deine Wahrheit fokussiert.

## 809

Auf deinem Weg geht es nicht immer darum, wie weit du gekommen bist; ebenso wichtig ist, wie tief verbunden du bist. Gratulation, dass du dir selbst Zeit widmest!

## 810

Gott unterstützt dich auf deinem Weg, Verbundenheit und Sinn zu erfahren.

## 811

Dein Weg entfaltet sich. Alles ist in perfektem Einklang, um deine Träume Wirklichkeit werden zu lassen.

## 812

Die Lektion, die du soeben erfährst, beruht auf einer Beziehung oder einer Verletzung im Zusammenhang mit einer Beziehung, die du noch nicht verarbeitet hast. Um unnötige Schwierigkeiten zu vermeiden, ist es wichtig, dich um diese Situation zu kümmern, bevor du den nächsten Schritt machst.

## 813

Bring dein wahres Wesen zum Ausdruck, deine Freude und alles, was dich begeistert, und das Universum wird dich unterstützen.

## 814

Deine Engel werden eine größere Rolle bei deiner weiteren Entwicklung spielen. Sei dir darüber bewusst, dass es einem höheren Zweck dient, wenn du dein Licht mit der Welt teilst.

## 815

Die Engel bieten dir nun die Gelegenheit für einen Neuanfang. Vergiss nicht, du hast immer eine Wahl und wirst ermutigt, den Weg zu wählen, der dich am meisten anspricht.

## 816

Du wirst derzeit aufgefordert, auf friedvolle Weise aktiv zu werden. Betrachte die momentane Situation aus dem Blickwinkel der anderen Person, bevor du weitere Entscheidungen triffst. Es gibt eine Lektion zu lernen.

## 817

Erfahrungen und Gelegenheiten, die dich mit einer höheren Aufgabe verbinden, werden dir enthüllt. Bereite dich auf Großmut und vielfältige Segnungen vor.

## 818

Die Engel bittet dich, dir in deinem Herzen klar darüber zu sein, wie sich deine gegenwärtige Situation deinen Wünschen entsprechend entwickeln soll, bevor du weitere Schritte unternimmst.

## 819

Die Engel ermuntern dich, dir selbst die Frage zu stellen, was dir am meisten Freude bereiten würde, bevor du irgendwelche weiteren Entscheidungen triffst.

## 820

Dein weiterer Weg hängt von deiner Fähigkeit ab, auf Gottes Plan zu vertrauen und all die kleinmütigen Gedanken aufzugeben, die dem Wunderbaren in dir im Weg stehen könnten.

## 821

Du wirst angeleitet, einen Teil deiner Zeit mit Innenschau und Träumen zu verbringen, damit du jegliche Gedanken oder Absichten loslassen kannst, die dein Licht behindern könnten.

## 822

Du bist an einem Punkt angelangt, wo du das Leben einer bestimmten Person in deinem Umfeld erhellen könntest. Ruf dir in Erinnerung, dass du ein Licht in deinem Herzen hast und dass es ansteckend ist. Bring heute dein ganzes Wesen in deine Freundschaften und Beziehungen ein.

## 823

Deine gegenwärtige Situation wird bald gelöst sein. Wisse, dass Engel und aufgestiegene Meister dich zu einer höheren Aufgabe führen.

## 824

Deine Engel lassen ein harmonisches Licht auf deine momentane Situation scheinen. Wisse, dass Frieden und Gelassenheit nahe sind.

## 825

Deine Engel sind froh, dass du bereit warst, emotional kraftraubende Situationen aus deiner Vergangenheit hinter dir zu lassen. Der Weg nach vorne ist frei.

## 826

Nimm dir Zeit, um dich tief mit den Menschen zu verbinden, die du liebst und die dich lieben, auf dass du dein Licht neu erstrahlen lassen kannst. Du verdienst es, geliebt und geschätzt zu werden.

## 827

Vertraue darauf, dass die Zeichen, die du empfängst, Botschaften sind, die bestätigen, dass du tatsächlich auf dem richtigen Weg bist und dass Gott deine Reise unterstützt.

## 828

Deine Engel tanzen vor Freude angesichts all deiner persönlichen und beruflichen Leistungen. Nimm dir Zeit, deine harte Arbeit anzuerkennen und zu würdigen.

## 829

Der nächste Schritt auf deinem Weg erfordert, dass du dich den Stimmen und Botschaften der mächtigen weiblichen Heiligen, Göttinnen und Meisterinnen der Vergangenheit anschließt. Sie sind jetzt bei dir. Sei ihre Stimme in der Welt.

## 830

Alle deine Erfahrungen hatten einen Sinn. Die Führung der Engel fordert dich auf, an deine Kraft, deine Aufgabe und deinen Weg zu glauben. Du hast eine wichtige Rolle auf der Erde zu erfüllen.

## 831

Aufgestiegene Meister ermutigen dich, den Kontakt mit ihnen zu suchen, da sie großes Wissen für dich bereithalten, das dein Bewusstsein und dein Verständnis erweitern wird.

## 832

Du wirst aufgefordert, dir Zeit zu nehmen, um dich mit deinem eigenen Selbst zu verbinden, da es dir helfen wird, dich mit Gottes Plan zu verbinden.

## 833

Jesus ist bei dir und möchte dich wissen lassen, dass er dich führt. Du trägst ein Licht in dir, das alle Schatten überwinden kann, die deinen Weg verdunkeln.

## 834

Deine Engel stärken und beschützen dich auf deinem Weg der Entwicklung.

## 835

Nimm Veränderungen voll an und wisse, dass alles, was geschieht, in Einklang mit dem göttlichen Gesetz ist.

## 836

Deine Engel ermuntern dich, Platz zu schaffen in deinem Leben für Frohsinn und Glückseligkeit. Lass die ernste und schwere Energie los, auf die du dich konzentriert hast, da sie dein Licht und deine Talente dämpft.

## 837

Das, wofür du gebetet und woran du innerlich gearbeitet hast, wird jetzt durch die von dir gewonnenen Erfahrungen zu dir gebracht. Vertraue darauf, dass das Universum dich in Richtung des bestmöglichen Resultates dirigiert.

## 838

Deine gegenwärtigen Erfahrungen sind sowohl Echos vergangener Inkarnationen als auch vergangener Erfahrungen in deinem jetzigen Leben. Öffne dein Bewusstsein, damit du die Botschaften und die Muster/Wunden verstehen kannst, die jetzt geheilt werden können.

## 839

Du vereinigst dich mit dem Weiblichen und wirst angeleitet, dein Herz und deinen Geist dem göttlichen Willen zu öffnen.

## 840

Du musst deinen weiteren Weg nicht alleine herausfinden. Vertraue Gott und den Engeln, während sie dich zu Freude und innerem Wachstum führen.

## 841

Deine Talente anzuerkennen und sie zu nutzen, ist zurzeit besonders wichtig. Wenn du dich erinnerst, wer du in Wahrheit bist, wird der vor dir liegende Weg frei sein.

## 842

Nimm dir Zeit, die Gaben und Talente deiner Liebsten anzuerkennen – sie brauchen jetzt dein Licht und deine positive Energie.

## 843

Deine Engel bitten dich, mit den Augen deiner Seele zu sehen. Sieh dein Leben, wie es erfüllt ist von Wundern und tollen Gelegenheiten, und erfreue dich daran.

## 844

Deine Engel benötigen deine Erlaubnis, um nun eingreifen und dich führen zu können. Bitte sie um Hilfe und Unterstützung, wenn du bereit bist, zu deinem nächsten Schritt geführt zu werden.

## 845

Erzengel Michael steht bereit, jegliche negative Energie und Blockaden auf sichere und liebevolle Weise aus deinem Leben zu entfernen. Bitte ihn jetzt um Hilfe.

## 846

Deine Engel fordern dich auf, derzeit verstärkt auf deinen Körper und dein Energiefeld zu achten. Eigenwahrnehmung ist der Schlüssel zu größerem Selbstwert und der Verbindung mit deinem höheren Selbst.

## 847

Deine gegenwärtigen Erfahrungen sind Manifestationen vergangener Handlungen und Absichten. Die Engel ermutigen dich, alte sarkastische Gedanken über dich selbst und deine Talente loszulassen, damit du Erfahrungen kultivieren kannst, die dich erheben und dir Freude bringen.

## 848

Deine derzeitige Aufgabe besteht darin, dich zu entwickeln. Alle Schritte, die du gemacht hast, werden vom Himmel unterstützt. Du tust genau das Richtige.

## 849

Deine Engel bitten dich, weiterhin mit deinen Gefühlen in Kontakt zu bleiben und jegliche Emotionen aus der Vergangenheit zu entlarven, an denen du noch festhältst. Sie loszulassen wird eine klare Sicht auf das ermöglichen, was vor dir liegt.

## 850

Deine Entwicklung wird momentan durch das spirituelle Gesetz der Fülle beschleunigt. Bereite dich auf magische und wunderbare Momente vor.

## 851

Dein Weg zum Erfolg wird sich mühelos entfalten, wenn du dich an deine Talente erinnerst und darauf vertraust, dass alles, was du brauchst, bereits in dir ist.

## 852

Möglicherweise siehst du dich gerade jetzt mit einigen Schwierigkeiten bei Gesprächen oder in Beziehungen konfrontiert, doch diese Angelegenheiten zu klären ist von grundlegender Bedeutung, um dich weiterzuentwickeln und mehr Freude in dein Leben zu bringen.

## 853

Das Universum ermuntert dich, auf den göttlichen Plan zu vertrauen. Glaube daran, dass dein Weg immer dem höchsten Wohl und der Wahrheit folgt.

## 854

Je mehr du vertraust und loslässt, desto mehr Raum schaffst du, damit Freude in dein Herz einkehren kann. Glaube und vertraue jetzt.

## 855

Du manifestierst zurzeit besonders schnell Gelegenheiten, die reich sind an spirituellen Erfahrungen und neue Möglichkeiten bieten, dir auch finanzielle Fülle zu bringen.

## 856

Du wirst angeleitet, nicht länger immer nur nach vorne zu schauen, sondern die momentane Schönheit der Umgebung zu genießen. Deine Engel sind jetzt bei dir. Nimm Kontakt mit ihnen auf.

## 857

Du wirst angeleitet, dich an die Kraft deines Geistes und deiner Gefühle zu erinnern. Das, worauf du dich konzentrierst und woran du glaubst, wird sich in deinem Leben manifestieren.

## 858

Du befindest dich in einem Energiestrudel, der rapide alles manifestiert, worauf du deinen Fokus richtest. Deine Engel fordern dich auf, dich mit ihnen und deiner Lebensaufgabe zu verbinden, um positive Erfahrungen zu manifestieren.

## 859

Du befindest dich gerade in einem Zustand extrem beschleunigten spirituellen Wachstums. Wisse, dass dein drittes Auge sich öffnet, damit du bedeutende und prophetische Visionen erfahren kannst, die dir auf deinem Weg helfen werden.

## 860

Vergiss nicht, dass du vom Licht und von der Liebe Gottes getragen wirst.

## 861

Deine Energie und dein Wohlbefinden sind deine größten Schätze. Die Weisheit der Engel fordert dich auf, alles in deiner Macht Stehende zu tun, um dich zurzeit um deine persönlichen Bedürfnisse zu kümmern.

## 862

Du wirst jetzt ermutigt, die nächsten Schritte in deiner Beziehung zu machen. Hingabe, Verletzbarkeit und die Bereitschaft, offen zu sein, werden dir helfen, die Liebe zu erfahren, nach der du dich sehnst.

## 863

Du ziehst Gelegenheiten an, die dich begeistern und dir ein neues Gefühl der Liebe für die Welt vermitteln werden. Nutze diesen Moment und schreite voran.

## 864

Deine Engel fordern dich auf, der göttlichen Führung, die aus deinem Inneren hochsteigt, zu folgen. Vergiss nicht, du bist es wert, dieses Wissen zu empfangen.

## 865

Die Engel möchten dich wissen lassen, dass das Schlimmste im Hinblick auf deine Finanzen und materiellen Angelegenheiten jetzt hinter dir liegt. Der Himmel bittet dich, darauf zu vertrauen, dass Fülle und Unterstützung stets für dich erreichbar sind.

## 866

Oh, oh! Du weichst von deinen Absichten ab und von dem, was gut für dich ist. Die Weisheit der Engel empfiehlt dir dringend, auf deinen Weg zurückzukehren und Situationen zu meiden, die unnötiges Leid in deinem Leben verursachen.

## 867

Du erlebst gerade einen wunderbaren Moment. Bleib der Liebe verbunden und sei bei allem, was du zurzeit tust, mit ganzem Herzen bei der Sache. Deine Hingabe und dein Engagement werden erkannt, und die himmlischen Kräfte sind bei dir und fördern ein positives Ergebnis.

## 868

Alle Stolpersteine auf deinem Weg sind weggeräumt. Derzeit läuft alles rund. Deine Engel ermuntern dich, dich in deiner Ganzheit voll und freudig anzunehmen.

## 869

Dein Weg führt auf eine Ebene, wo du dich sicher genug fühlen wirst, die tieferen Aspekte deiner Seele und deiner Psyche zu enthüllen. Wisse, indem du das loslässt, was dir in deinem Inneren zusetzt, schaffst du Raum für Wunder und Heilung.

## 870

Gott unterstützt dich, während du alles manifestierst, was du brauchst, um ein von Freude erfülltes Leben zu führen.

## 871

Deine Engel ermutigen dich, deine Aufmerksamkeit derzeit wieder dir selbst zuzuwenden. Richte deinen Fokus weiterhin auf dein inneres Wachstum, und du wirst die positiven Resultate deiner Hingabe erfahren.

## 872

Durch deine Beziehungen und Verbindungen mit anderen können sich Partnerschaft, Freundschaft und Zusammenarbeit entwickeln. Vertraue darauf, dass die nächste Phase auf deinem Weg vorsieht, Raum mit jemandem zu teilen, der ebenso brillant und begabt ist wie du.

## 873

Die Weisheit der Engel fordert dich auf, alles hinter dir zu lassen, was dich von dir selbst und dem gegenwärtigen Moment ablenkt. Wende dich ab und verbinde dich erneut mit der Magie in deinem Inneren.

## 874

Engel wirbeln um dich herum und singen ihre süßen Melodien. Wisse, dass du gefeiert wirst, und dass dir alles, worum du gebeten hast, offenbart wird. Mach dich bereit, deinerseits zu feiern.

## 875

Dein Leben ist erfüllt mit Staunen und Jubel. Du wirst von deinen Engeln aufgefordert, mit rückhaltlos positivem und liebevollem Blick nach vorne zu schauen – du stehst kurz vor einem Durchbruch!

## 876

Die Weisheit der Engel möchte dich wissen lassen, dass die Herausforderungen, mit denen du dich zurzeit konfrontiert siehst, Gelegenheiten darstellen, nicht nur deine Kraft wiederzuerlangen, sondern in deinem Herzen freudig zu akzeptieren, dass du bereit bist, mächtig zu sein.

## 877

Die Engel der Segnungen umgeben dich jetzt und erfüllen dein Leben mit ihrer Energie. Öffne dein Herz, deinen Geist und deine Augen, um ihre Wunder zu erfahren.

## 878

Deine Engel ermutigen dich, deine Gedanken, Absichten und Handlungen kontinuierlich mit der Energie der Wahrheit und Integrität zu vereinen. Bleibe auf dein ursprüngliches Ziel und deine Werte konzentriert und wisse, dass sie dir die Antworten zeigen werden, die du suchst.

## 879

Deine Engel bitten dich, dir ein wenig Zeit zu nehmen, dich in dein Inneres zurückzuziehen, um dein mentales und emotionales Wohlbefinden wiederherzustellen.

## 880

Gott ist mit dir und in dir. Dein Weg wird für dich geebnet und erleuchtet.

## 881

Du wirst aufgefordert, eine Bestandsaufnahme vorzunehmen und zu erkennen, wie weit du bereits gekommen bist, bevor du weitergehst. Geduld ist jetzt das Wichtigste.

## 882

Der Weg, auf dem du dich befindest, wäre nicht so verlaufen, hätte es die anderen nicht gegeben, um dich immer wieder aufzurichten. Die Weisheit der Engel bittet dich, jenen deine Liebe und Dankbarkeit zu zeigen, die dich bisher unterstützt haben.

## 883

Zeit, die in Hingabe und im Gebet verbracht wird, stärkt die Entwicklung deiner Seele und das Gefühl, auf deinem weiteren Weg unterstützt zu werden. Unterschätze nie deine dir innewohnende Verbindung zu Gott und den Engeln.

## 884

Die Engel der Freiheit umgeben dich und helfen dir, ohne Angst und Bedenken weiterzugehen. Du betrittst eine neue Ebene des Selbstvertrauens und der Zuversicht.

## 885

Deine Engel fordern dich auf, dir Zeit zu nehmen, weitere Informationen einzuholen und deine Optionen genau zu betrachten, bevor du irgendwelche Veränderungen vornimmst. Sei besonders vorsichtig und gehe sicher, was nötig ist, bevor du loslegst.

## 886

Es ist dir bestimmt, mächtig zu sein. Wisse, dass deine Kraft immer in Einklang mit dem göttlichen Plan ist, solange du dich darauf fokussierst, der Wahrheit treu zu bleiben und das für alle Beteiligten Richtige zu tun.

## 887

Die Engel machen dir jetzt den Weg vor dir frei, und deine früheren Bedenken sind nicht länger ein Thema. Schreite voran.

## 888

Deine Lebensaufgabe und deine Wünsche entsprechen einander. Du tust das Richtige und bist auf dem Weg des Lichts.

## 889

Du bist hierhergekommen, um ein Lichtarbeiter zu sein. Nimm dir Zeit, um dich wieder mit dem Licht zu verbinden, das in die Welt zu bringen du geboren wurdest.

## 890

Gott unterstützt dich, während du deine spirituellen Gaben entdeckst.

## 891

Man lässt dich wissen, dass der nächste Schritt auf deinem Weg damit zu tun hat, dich wieder mit dir selbst zu verbinden. Nimm dir Zeit, wieder bei dir selbst anzukommen.

## 892

Momentan ist es besonders wichtig, dir genügend Zeit zu nehmen, dich um deine Bedürfnisse zu kümmern und ehrlich einzugestehen, in welchem Maße du dich in deine Beziehungen einbringen kannst. Selbstfürsorge wird empfohlen.

## 893

Der vor dir liegende Weg ist auch eine Reflektion deiner inneren Entwicklung. Je mehr Fürsorge und Energie du in deine Selbsterkenntnis investierst, desto lichterfüllter wird dein Weg sein.

## 894

Deine Engel fordern dich auf, kontinuierlich Platz in deinem Leben zu schaffen, um dich mit ihnen zu verbinden und für ihre Botschaften zu öffnen. Du hast ein besonderes Talent, Kontakt mit dem Himmel aufzunehmen.

## 895

Vertraue, dass das Universum dir stets das liefert, was du in Übereinstimmung mit deiner Absicht und dem göttlichen Plan benötigst. Es gibt nichts, mit dem du nicht fertig werden kannst.

## 896

Es ist wichtig, dass du dir Zeit nimmst, die Inspiration und Ideen genau zu betrachten, die dich kürzlich überrascht haben. Sie sind Geschenke deiner Seele.

## 897

Du hast derzeit ein absolut glückliches Händchen! Alles, was du in Angriff nimmst, und alles, worauf du dich konzentrierst, wird dir gelingen.

## 898

Sorge dafür, dass deine Hoffnungen, Träume und Wünsche deinem höchsten Wohl entsprechen, da deine Gebete beantwortet werden und deine Absichten sich jetzt manifestieren.

## 899

Du bist in Kontakt mit deinem inneren Buddha. Verbinde dich mit diesem großen inneren Lehrer und teile seine Botschaften mit der Welt.

## 900

Gott stimmt dir und deiner spirituellen Entwicklung zu.

## 901

Gott ist dankbar, dass du dir endlich selbst die Liebe und Anerkennung schenkst, die du verdienst.

## 902

Gott segnet dich, deine Familie und deine Beziehungen mit allumfassender Liebe.

## 903

Wisse, dass Gott deiner Seele hilft, sich zu entwickeln, auf dass du deine Engel auf der Ebene des Herzens kennenlernen kannst.

## 904

Die Engel sind zurzeit im Einklang mit deiner Seele. Wisse, dass die Botschaften, die du empfängst, direkt dem Herzen Gottes entspringen.

## 905

Heiße die Veränderungen, die dir präsentiert werden, willkommen; der Himmel hat sie gesandt.

## 906

Dir Zeit zu nehmen, wieder Vertrauen zu schöpfen und alle deine Bedenken dem Himmel zu übergeben, wird dich bereit machen, Wunderbares zu erfahren. Vertraue auf Gott.

## 907

Die Antwort, die du suchst, steckt bereits in dir. Unterschätze nicht die Weisheit deiner Seele – lausche, und du wirst hören, was du wissen musst.

## 908

Du wirst aufgefordert, deinen Weg neu auf das auszurichten, was deine Seele zum Leuchten bringen wird.

## 909

Dein Kronenchakra öffnet sich, damit du die Liebe Gottes fühlen und empfangen kannst.

## 910

Du bringst dein Energiesystem in Einklang mit Gott und dem Kosmos. Bewahre dir deine Leichtigkeit und Verspieltheit, da dies deine Schwingung auf einer hohen Stufe halten wird.

## 911

Du bist kosmisch und auf ewig mit jedem Lebewesen verbunden, das jetzt existiert, früher existiert hat und je existieren wird. Verbinde dich mit der Weisheit, auf die du gerade ausgerichtet bist.

## 912

Wisse, dass die Seelenarbeit, der du dich verpflichtet hast, eine positive und heilende Wirkung auf dein Leben hat, insbesondere auf deine Beziehungen und Verbindungen mit anderen.

## 913

Deine Engel ermutigen dich, den Botschaften und dem Wissen deiner Seele zu vertrauen, die dich gegenwärtig erreichen.

## 914

Schaffe Platz in deinem täglichen Leben, um tief in dein Inneres zu tauchen und lade deine Engel ein, näherzukommen. Sie warten auf deine Einladung, bereit, dich auf deinem Weg und bei deiner spirituellen Entwicklung zu unterstützen.

## 915

Du hast dich der Wahrheit verpflichtet, was dir die Gelegenheit bietet, mehr Freude in dein Leben zu bringen.

## 916

Deine Engel schätzen deine verbesserte Denkweise. Du wirst jetzt den Lohn für deinen positiven und harmonischen Geist ernten.

## 917

Deine Engel öffnen dir die Tore zum Neustart und zu spannenden Gelegenheiten. Nimm Veränderungen bereitwillig an.

## 918

Du wirst aufgefordert, die Tiefe deiner spirituellen Verbindung und Entwicklung zu erkennen. Dir Zeit zu nehmen und zu erkennen, wer du geworden bist, wird dich darauf vorbereiten, ein erfüllteres und noch magischeres Leben zu führen.

## 919

Du erfährst momentan eine geradezu sprunghafte spirituelle Entwicklung. Alle Dunkelheit wird aufgelöst. Das Licht ist gekommen.

## 920

Die Engel der romantischen Liebe treten in dein Leben. Sei bereit, auf Wolke sieben zu schweben und dich über die göttliche Verbundenheit in deinen Beziehungen und deiner Partnerschaft zu freuen.

## 921

Die Engel der Harmonie schweben um dich herum; sie reinigen die Energie und bringen Heiterkeit und Gelassenheit in dein Leben zurück.

## 922

Die nächste Phase deiner Entwicklung wird sich durch kontinuierliche Selbstakzeptanz wunderbar entfalten. Die Weisheit der Engel ermutigt dich, dir selbst die Liebe zu geben, die du brauchst.

## 923

Du siehst Zeichen und bist in Kontakt mit dem Königreich des Himmels. Der Schlüssel zu dieser Verbindung ist die Liebe in deinem Herzen.

## 924

Engel und Erzengel umgeben dich jetzt und überschütten dich mit Segnungen.

## 925

Die Weisheit der Engel bittet dich, in deiner gegenwärtigen Situation auf das höchste und bestmögliche Resultat fokussiert zu bleiben. Deine Gebete und positive Energie sind nötig, damit dies geschehen kann.

## 926

Sei bereit, die Veränderungen, zu denen du dich aufgefordert fühlst, voll anzunehmen. Es sind keine Tagträume, sondern göttliche Inspirationen der Engel.

## 927

Wisse, dass deine Gebete erhört worden sind und du die Antwort zur rechten Zeit erhalten wirst.

## 928

Göttliche Weisheit und Führung fließen gerade durch dich. Was du vernimmst, bildest du dir nicht ein, vielmehr handelt es sich um vom Himmel gesandtes Wissen.

## 929

Du erreichst einen friedvollen und gelassenen Zustand. Nimm die Gelegenheit wahr, deine Energie durch Achtsamkeit und Selbstfürsorge wieder aufzufüllen.

## 930

Du besitzt gottgegebene Heilungstalente und wirst ermutigt, sie mit der Welt zu teilen, um ein stärkeres Gefühl der Sinnhaftigkeit zu erfahren.

## 931

Die Weisheit der Engel bittet dich, dein vergebendes Herz dir selbst zuzuwenden. Nimm dir Zeit, jeglichen Groll oder Kummer, an dem du vielleicht festhältst, loszulassen und ein Gefühl der Erhabenheit und Verbundenheit zu erfahren.

## 932

Deine Beziehungen sind momentan voll Liebe und Verbundenheit gesegnet.

## 933

Jesus ist bei dir, um deinen rasanten Aufstieg zu unterstützen. Du lässt die alten Hindernisse hinter dir, die dich einst zurückgehalten haben. Die Ketten sind jetzt gesprengt, und Freiheit ist endlich dein. Schwinge dich hoch hinauf!

## 934

Das dir innewohnende Licht und deine Talente steigen aus deinem Inneren empor. Die Engel ermutigen dich, während du voranschreitest und zeigst, wer du bist.

## 935

Deine Engel ermuntern dich zu feiern, wann immer sich Veränderungen in deinem Umfeld ergeben. Wisse, dass sich alles aufs Wunderbarste entfaltet, genauso, wie es nötig ist, damit du mit deiner Lebensaufgabe verbunden und in Einklang bist.

## 936

Gehe deinen Weg weiter in dem Vertrauen, dass deine Engel bei dir sind. Dein Vertrauen wird dafür sorgen, dass dein Weg und dein Leben erfüllt sind mit der Energie der Wunder.

## 937

Die Weisheit der Engel fordert dich auf, das Wissen anzunehmen, das du durch deine Träume und Visionen erhältst. Wichtige Botschaften werden offenbart, die zur Manifestation deiner Absichten beitragen.

## 938

Die Weisheit der Engel offenbart dir, dass du dich vom Karma und von den Ängsten aus vergangenen Leben befreien kannst, indem du deine gegenwärtigen Probleme überwindest. Bitte die Herrscher des Karmas, dir zu helfen, ein für alle Mal loszulassen.

## 939

Du bist derzeit in Kontakt mit der Stimme und Energie des Heiligen. Wisse, dass du ein Gefäß für göttliche Liebe bist und es daher wichtig ist, dich gut um deinen Körper zu sorgen – dem Werkzeug deiner Seele.

## 940

Gott und die Engel sind dankbar für die Fürsorge, die du dir jetzt selbst angedeihen lässt.

## 941

Dir wird versichert, dass deine Engel dich immer hören. Du bist nie allein.

## 942

Du entwickelst eine kraftvolle und tief gehende Verbindung mit deinem Schutzengel. Vertraue dem, was du hörst und erlebst.

## 943

Du bist umgeben und wirst unterstützt von deinen geistigen Führern.

## 944

Die Engel helfen dir, Talente zu entdecken und wiederzufinden, die verloren oder in Vergessenheit geraten waren. Außersinnliche Einsichten und Visionen sind derzeit sehr wahrscheinlich.

## 945

Die Erzengel beschützen dich, während du die tieferen Aspekte deiner Seele und deiner Seelenarbeit entschlüsselst.

## 946

Die Engel der Harmonie ermuntern dich, in deinem Leben für Beständigkeit und Verbundenheit zu sorgen. Löse dich aus kraftraubenden Situationen und richte deinen Fokus auf das, was dich mit Leben erfüllt.

## 947

Die Energie der Absicht ist zurzeit besonders wichtig. Deine Absichten erschaffen deine Erfahrungen, daher fordern deine Engel dich auf, dir im Klaren darüber zu sein, was du willst und wie dein weiteres Leben nach deinen Wünschen aussehen soll.

## 948

Wisse, dass du tief gehende Einsichten in Bezug auf deinen Lebensweg erhältst. Die Wahrheiten, die du brauchst, werden dir jetzt enthüllt.

## 949

Der Heilige Geist füllt den Kelch deines Herzens auf, bis er überfließt. Wisse, dass du Wunder verdienst.

## 950

Die Veränderungen, die eingetreten sind, wurden von Gott geschaffen und gelenkt. Vertraue auf das große Ganze.

## 951

Du wirst angeleitet, der Meister deines eigenen Geistes zu sein. Richte deinen Fokus auf das, was du dir wünschst, und setze dir hohe Ziele.

## 952

Du wirst ermutigt, dich allem zu stellen, was dir im Weg steht, denn sobald du das tust, wird sich dir die Magie offenbaren, von der du geträumt hast. Bleibe fokussiert.

## 953

Die Entwicklung deiner Seele erfordert, dass du in dich gehst und dich deiner Angst stellst. Doch wisse, dass du auf der Schwelle wichtiger spiritueller Veränderungen stehst. Bald schon wirst du in große Höhen aufsteigen.

## 954

Deine Engel bitten dich, gut für dich zu sorgen, während du Veränderungen erfährst. Gehe mitfühlend mit dir selbst um und zolle dir Anerkennung, wenn es angebracht ist.

## 955

Du bist dabei, eine wichtige Wahrheit zu erschließen, und dies führt zu tief greifenden Veränderungen, die dein spirituelles Selbst freisetzen werden. Enthülle und lebe deine Talente, um Fülle zu erfahren.

## 956

Deine hingebungsvolle Arbeit an dir selbst zahlt sich jetzt aus, und das Gefühl der Balance stellt sich wieder ein. Alles, was du gibst – und gegeben hast – wirst du wieder zurückbekommen.

## 957

Bleibe deinen Träumen und Visionen treu – du bist näher dran als je zuvor, sie manifestiert zu sehen. Wisse, dass deine Hingabe sich auszahlen wird.

## 958

Du bist von höchstem Schutz umgeben und wirst ermutigt zu erkennen, dass du in Sicherheit bist, auch wenn die Dinge holprig verlaufen. Zurzeit mag es einige Turbulenzen geben, doch bald wird wieder alles reibungslos funktionieren.

## 959

Du bist aufgerufen, aktiv zu werden. Der Himmel leitet dich an, deine Lebensaufgabe in Angriff zu nehmen und sie mit der Welt zu teilen. Du hast die Gelegenheit, mit gutem Beispiel voranzugehen. Nutze sie.

## 960

Gott lässt dich wissen, dass die innere Arbeit, die du geleistet hast, alte Blockaden in deinem Energiefeld und deine Familie betreffend beseitigt hat. Alte Wunden sind geheilt worden.

## 961

Dein Licht ist aktiviert. Leuchte mit all deiner Kraft und wisse, dass du mit dem Höchsten in Einklang bist.

## 962

Nimm dir Zeit, an die Menschen zu denken, die du liebst und mit denen du verbunden bist, bevor du irgendwelche Pläne für die Zukunft fasst. Du wirst aufgefordert, dir stärker bewusst zu werden, wer und was wichtig ist.

## 963

Komm' aus deiner Höhle heraus! Du hast etwas Wichtiges mit der Welt zu teilen. Folge dem Ruf deiner Seele und setze deinen inneren Lehrer frei.

## 964

Du schließt zurzeit wichtige außersinnliche Verbindungen. Deine Engel sprechen durch deine Intuition, und es ist wichtig, dem zu vertrauen, was du hörst.

## 965

Du wirst angeleitet, jetzt nicht so sehr dem Materiellen verhaftet zu sein, da dies die Energie der Fülle blockiert, die versucht, Segen in dein Leben zu bringen. Lass los und lass den Zauber in dein Leben.

## 966

Um dein Bewusstsein zu erweitern, sei radikal ehrlich mit dir selbst.

## 967

Deine Wahrheit ist dein Lehrer. Wisse, dass du, wenn du zu deinen Überzeugungen stehst, zu Erfahrungen gelangst, die es dir erlauben, mehr Unterstützung von Gott und den Engeln zu empfangen.

## 968

Deine Engel ermutigen dich, deine sensible Seite zu zeigen. Du befindest dich jetzt in einem Zustand umfassender Selbstakzeptanz. Lass auch andere ohne Scheu das sehen und akzeptieren, was dich auszeichnet.

## 969

Deine Seele sucht zurzeit nach einer Gelegenheit für dich, große Veränderungen zu erleben, da deine Energie strahlend und im Einklang mit der Energie göttlicher Alchemie und Magie ist.

## 970

Gott möchte dich wissen lassen, dass der nächste Abschnitt deines Weges tiefe Selbst-Liebe und -Akzeptanz erfordert.

## 971

Die göttliche Führung ermutigt dich, liebevolle Gedanken zu hegen. Erkenne deinen eigenen göttlichen Wert. Liebe existiert, damit du sie erleben und teilen kannst.

## 972

Es ist gerade besonders wichtig, dir die Zeit zu nehmen, deine Energie wieder aufzuladen. Du wirst angehalten, auch deine Empfindsamkeit zu schätzen, denn die Fähigkeit, mit deiner verletzlichen Seite umzugehen, wird dir helfen, andere zu unterstützen.

## 973

Engel und aufgestiegene Meister umgeben dich mit einem goldenen Licht der Weisheit. Du wirst zu der Erkenntnis geführt, dass die Antwort, die du suchst, in dir selbst liegt.

## 974

Deine Engel lassen dich wissen, dass du das Ende eines Zyklus erreicht hast. Sie bitten dich, ihnen zu vertrauen, während sie dich zur nächsten Phase deiner Entwicklung führen. Alte Illusionen werden jetzt aufgedeckt und losgelassen.

## 975

Vertraue auf die Macht des Himmels. Deine Engel sind bei dir.

## 976

Du wirst daran erinnert, dass das Universum mit dir und in dir ist. Wenn dir klar ist, wie verbunden du mit allem bist, wird dich ein spiritueller Schutzmantel umfangen und dich mit Liebe erfüllen.

## 977

Die Kraft und Energie des Lebens und der Magie fließen jetzt durch dich. Bitte um die Wunder, die du brauchst, und sei bereit, sie umgehend zu empfangen.

## 978

Dein *Dharma*, dein Weg der Rechtschaffenheit, entfaltet sich vor dir. Mache einen Schritt nach dem anderen. Glückseligkeit erwartet dich.

## 979

Du befreist dich von Fesseln, Ketten und karmischen Verbindungen, die dich zurückgehalten haben, und betrittst eine Ebene der Kraft und des Lichts.

## 980

Gott weist dir die Richtung auf deinem Weg. Wisse, dass dein Weg im Einklang mit der göttlichen Liebe ist.

## 981

Du entdeckst aufs Neue deine eigene Kraft und dein inneres Licht. Willkommen zurück zu deinem wahren Selbst!

## 982

Du erfährst gerade Harmonie und Frieden in deinen Beziehungen. All deine früheren Sorgen und Schwierigkeiten sind wie weggewaschen und werden durch Liebe und Akzeptanz ersetzt.

## 983

Verbinde dich wieder mit der Energie der Erde. Der nächste Abschnitt deines Weges erfordert, dass du in dir ruhst und geerdet bist.

## 984

Dein Engel-Team ermuntert dich, deine Stimme zu erheben und dafür zu sorgen, dass die dir am Herzen liegende Wahrheit gehört wird. Sei radikal ehrlich – eine Voraussetzung, wenn du respektiert werden willst.

## 985

Deine gegenwärtige Situation erfährt jetzt Gerechtigkeit und göttliche Ordnung. Die Führung der Engel ermutigt dich, für alle das Richtige zu tun, die an dieser Situation beteiligt sind.

## 986

Du befindest dich an einem entscheidenden Punkt, an dem du dir höheres Wissen aneignen kannst. Wisse, dass du dank deiner aktuellen Erfahrung etwas besonders Wichtiges dazulernst.

## 987

Die Engel bitten dich, ruhig zu bleiben und darauf zu vertrauen, dass sich alles so entwickelt, wie es nötig ist, damit du Fülle und Magie erfahren kannst.

## 988

Deine Engel möchten, dass du niemals die Bedeutung und den Einfluss deines Lebens unterschätzt. Du hast etwas Besonderes, das darauf wartet, mit der Welt geteilt zu werden.

## 989

Du bist in Kontakt mit etwas Wichtigem. Hindernisse werden beseitigt und Herausforderungen überwunden, und du betrittst eine Ebene persönlicher Transzendenz.

## 990

Du bist auf dem Weg des Lichts und der Liebe. Gott bittet dich, nicht zu vergessen, dass dir stets vergeben wird und du nie verurteilt wirst, sondern du immer geliebt, ermutigt und unterstützt wirst.

## 991

Verbinde dich jetzt wieder mit dem Himmel. Nimm dir Zeit für Gebet und Andacht. Bitte, und es wird dir gegeben.

## 992

Wisse, dass auch deine Beziehungen göttlicher Natur sind und sich alle früheren Herausforderungen auflösen werden, damit du furchtlos lieben kannst.

## 993

Der Himmel schaltet sich ein. Wisse, dass du zu einem sinnerfüllten und glückseligen Leben geführt wirst.

## 994

Die Engel unterstützen dich, während du Kontakt aufnimmst mit der göttlichen Vision und sie dir zu eigen machst. Sei bereit, die Welt mit den Augen der Liebe und Vergebung zu betrachten.

## 995

Das Universum weiß genau, was du brauchst, um aufzusteigen. Dein Prozess des Aufsteigens beschleunigt sich gerade, und du erhebst dich über die Dunkelheit.

## 996

Wellen der Inspiration und Liebe durchfließen dich und senden ihr Strahlen aus. Teile deine Talente mit der Welt, um Dankbarkeit und Gnade zu erfahren.

## 997

Dein Leben ist im Einklang mit deiner Aufgabe und einem höheren Sinn. Nichts, was du bisher getan hast, war dem Zufall überlassen. Erlebe jetzt die Magie deines wahren Seins.

## 998

Deine Absicht, innerlich zu wachsen und heil zu werden, hat sich manifestiert. Freue dich darüber, was aus dir geworden ist.

## 999

Die göttliche Mutter Maria unterstützt dich, während du zu einem Gefühl der Ganzheit zurückfindest. Willkommen zu Hause in deinem Herzen.

# Nachwort

Vergessen Sie nicht, die Erde ist von zahllosen Engeln umgeben; Sie haben stets einen oder mehrere Schutzengel an Ihrer Seite. Die Aufgabe der Schutzengel ist es, über Sie zu wachen. Diese himmlischen Wesen wollen nichts anderes, als dass Sie sich sicher, begleitet und beschützt fühlen. Sie nehmen jede Gelegenheit wahr, Sie daran zu erinnern, dass sie in Ihrer unmittelbaren Nähe sind und Sie mit ihren Wundern unterstützen können. Die Tatsache, dass Sie Liebe sind und es verdienen, Liebe zu erfahren, ist der Grund, warum diese mächtigen himmlischen Wesen bei Ihnen sind.

Welche Zahlen-Botschaften Sie auch immer empfangen, vertrauen Sie darauf, dass Ihre Engel bereitstehen und darauf warten, Ihnen zu helfen und Sie in die Freiheit und zur Liebe geleiten. Sie sind nicht mehr als ein Gebet entfernt. Und kein Gebet bleibt unbeantwortet.

Mögen Ihre Engel Sie auf Ihrem Weg führen und beschützen.

# Über den Autor

Kyle Gray ist einer der jüngsten und international gefragtesten Engelexperten. Er entdeckte seine mediale Gabe bereits als Vierjähriger. Seither ist er mit einer starken Verbindung zu den Engeln gesegnet, die ihm halfen seine intuitiven Fähigkeiten weiter zu entwickeln. Nachdem er seine besondere Gabe jahrelang verheimlicht hatte, wurde Kyle dazu berufen die Botschaften der Engel mit der Welt zu teilen. In seinen Workshops, Vorträgen und über seinen Online Angel Tribe hilft er anderen Menschen dabei sich für die Engel zu öffnen. Er ist Autor von sechs Büchern und drei Kartensets.

kylegrayuk

@kylegrayuk

@kylegrayuk

www.kylegray.co.uk